God dag!

Gerade an Kopenhagen vorbeigerauscht, und schon geht es auf der Öresundbrücke hinüber nach Schweden. Beim letzten Mal waren wir noch per Fähre gekommen. Auch wenn die Anreise ganz einfach geworden ist, nach dem Passieren des Öresunds spüre ich auch dieses Mal: Schweden ist anders.

DICHTE WÄLDER, KLARE SEEN

Landschaftlich erinnert der äußerste Südzipfel des Landes zwar noch ein wenig an Mecklenburg-Vorpommern, doch geht hier schon alles viel entspannter, geruhsamer zu. Nördlich von Malmö verändert sich auch die Landschaft. Dichte, endlos erscheinende Wälder, klare Seen und ab und an rote Holzhäuschen: Schweden, wie man es sich vorstellt. Hier erkundet man das Land am besten zu Fuß. Die schönsten Wanderrouten stellt Rasso Knoller für Sie auf S. 30 f. vor.

SCHWEDISCH FREUNDLICH

Ihn beeindruckt übrigens besonders die schwedische Freundlichkeit und die Rücksichtnahme. Dazu eine Geschichte: „Wir müssen jetzt alle ein wenig helfen, damit die draußen Stehenden noch Platz finden", so hört sich das an einem regnerischen Novembertag in Stockholm in einem bereits überfüllten Stadtbus an. Kein „Nach hinten durchgehen!", kein Gemurre, kein Geschimpfe. Jeder rückt ein wenig enger zusammen, und schließlich stehen die Zehn im Bus.
Viele ähnlich angenehme Erlebnisse wünsche ich Ihnen in Schwedens Süden!
Herzlich

Ihre
Birgit Borowski

Birgit Borowski
Redaktion DuMont Bildatlas

Fotograf *Olaf Meinhardt* hatte meist Wetterglück, als er mit seiner Familie die schwedische Seenlandschaft erkundete. Was für ein Abenteuer für die Jungs.

98

Stockholm, erbaut auf 14 Inseln und von Wasser durchwoben, gehört zu den schönsten Hauptstädten der Welt. Mitten in der Stadt kann man Lachse angeln.

76

Naturschutz und Tourismus sollen am Vänersee keine Gegensätze sein.

46

In den Glashütten im Glasreich kann man hautnah erleben, wie fragile Kunstwerke entstehen.

UNSERE
TOP-11

Das Beste erleben

Berührend, aufregend und spannend sind unsere Ideen, die wir für Ihren Aufenthalt in Südschweden zusammengetragen haben.

Grüne Wunder

* 1 *

STORA AMUNDÖN

Gerade einmal 30 Minuten von Göteborg entfernt liegt diese herrliche, unter Naturschutz stehende Insel.
Seite 66

* 2 *

KINNEKULLE AM VÄNERSEE

Von dem 306 Meter hohen Tafelberg genießt man weite Blicke über Schwedens größten See, den Vänern.
Seite 82

* 3 *

EKOPARKEN

Der weltweit erste innerstädtische Nationalpark liegt in Stockholm.
Seite 114

Reiner Genuss

* 4 *

INSEL VEN

Die flache, autofreie Insel begeistert nicht nur Radfahrer.
Seite 35

* 5 *

GAMLA STAN

Mit Schloss und Stortorg ist Stockholms Altstadt ein touristischer Hotspot.
Seite 113

5

Geschichte hautnah

6

ALES STENAR

Mit einer Größe von 67 mal 19 Metern ist die wikingerzeitliche Steinanlage die größte Schiffssetzung Nordeuropas.

Seite 34

7

VISBY, GOTLANDS HAUPTSTADT

Die von der mittelalterlichen Stadtmauer eingerahmte Altstadt zählt zum Weltkulturerbe.

Seite 52

8

FELSRITZUNGEN VON TANUM

Die rätselhaften Werke aus der Bronzezeit lagen ursprünglich am Meer.

Seite 81

9

SCHLOSS GRIPSHOLM

Kurt Tucholsky hat das Schloss nahe Mariefred bekannt gemacht. Heute befindet sich hier die größte Porträtsammlung Nordeuropas.

Seite 97

10

SCHLOSS DROTTNINGHOLM

Seit 1982 wohnt die königliche Familie in diesem Schloss bei Stockholm.

Seite 114

11

DOM VON UPPSALA

Er erinnert an die Zeit, als die Stadt zu den wichtigsten Metropolen des Nordens gehörte. Viele schwedische Könige wurden hier gekrönt.

Seite 115

EINE HAUPTSTADT ZWISCHEN MEER UND SEE

Der Mälaren auf der einen, die Ostsee auf der anderen Seite nehmen Stockholm in eine sanfte Umarmung. Auf vierzehn Inseln hat man die Stadt erbaut. Trotzdem können die Stockholmer nicht genug bekommen von der Ostsee. Besonders im Sommer drängt es sie hinaus in die Inselwelt der Schären.

ALLES GANZ FRISCH

Hackfleischbällchen und Wurst mit Kartoffelbrei galten lange als die „Delikatessen" der schwedischen Küche. Heute zählen die schwedischen Köche zu den besten der Welt. Voraussetzung für schmackhafte Speisen sind frische Nahrungsmittel – und die bekommt man zum Beispiel an den Ständen der Markthalle im Stockholmer Stadtteil Östermalm.

84
SEGER
EFTR.
M. SEGER

LANGE TAGE AUF GOTLAND

Der schwedische Sommer hat einen besonderen Charme. Jenseits des Polarkreises geht die Sonne dann überhaupt nicht mehr unter, aber selbst im Süden folgen Abend- und Morgenrot in rascher Folge und zaubern ein magisches Licht an den Himmel. Wer das Schauspiel der Sonne vor einer Kulisse wie dem „Rauk Hunden" auf Gotland erlebt, ist dem Reiz des Nordens endgültig verfallen.

DAS SCHLOSS DER LIEBENDEN

Schloss Gripsholm am Mälarsee hat Kurt Tucholsky in seiner gleichnamigen Liebesgeschichte ein literarisches Denkmal gesetzt. Ins Schloss in Stockholm zog eine Deutsche ein: Silvia Sommerlath, die 1976 den schwedischen König Carl Gustaf heiratete, hat seither als „Drottning Silvia" einen festen Platz in den Herzen der Schweden.

EIN PLATZ AN DER KÜSTE

3218 Kilometer ist die schwedische Küste lang. Besonders hoch im Kurs stehen die Badeorte in Westschweden, hier das kleine Smögen. In der Sommersaison von Mitte Juni bis Anfang August kann es da doch mal eng werden. Aber danach hat man die Strände nahezu für sich allein.

ZEITREISE QUER DURCH SCHWEDEN

Die Zeit scheint stehen geblieben zu sein auf dem Götakanal. Im Schritttempo schippern die Passagiere auf einem von drei historischen Dampfschiffen die 1832 eröffnete Wasserstraße entlang. Und ab und an dürfen sie dem Schauspiel beiwohnen, wenn der Kapitän in Millimeterarbeit durch eine der 58 Schleusen manövriert.

JUNO
JUNO
JUNO

Die spannendsten Wikingerfunde

DAS ERBE DER NORDMÄNNER

Schweden ist das Land der Wikinger. Vom 8. bis zum 11. Jahrhundert versetzten die Vorfahren der heutigen Skandinavier halb Europa in Angst und Schrecken. Sie waren aber nicht nur wilde Krieger, sondern auch fähige Handwerker, kundige Seeleute und talentierte Künstler. Wir zeigen Ihnen die spannendsten Relikte aus der Wikingerzeit in Südschweden.

2

1 Trelleborgen

Bei Trelleborg im äußersten Süden Schwedens wurde um 980 unter der Herrschaft des dänischen Königs Harald Blauzahn (Harald Blåtand) die Wikingerburg Trelleborgen erbaut. Doch bereits 20 Jahre später gab man die mehrmals von Wenden heimgesuchte Gegend wieder auf und überließ die Burg dem Zahn der Zeit. Als die südschwedische Küste im 13. Jahrhundert erneut befestigt wurde, entstand das heutige Trelleborg über den Resten der Burg, die in Vergessenheit geriet, bis man sie bei Ausgrabungen 1988 am höchsten Punkt der Stadt wiederentdeckte. Teile der Anlage wurden rekonstruiert und können heute besichtigt werden. Große Teile der alten Ringburg, die einen Durchmesser von 143 Meter hatte, liegen jedoch unter den umliegenden Straßen und Häusern verborgen und konnten nicht wiederhergestellt werden. Ein kleines Museum am Eingang der Anlage rundet den Besuch ab (April, Okt. Sa., So. 12.00 bis 16.00, Mai–Mitte Juni, Sept. Do.–So. 10.00–16.00, Mitte Juni–Aug. tgl. 10.00 bis 17.00 Uhr).

Västra Vallgatan 6,
23164 Trelleborg,
https://trelleborgsmuseer.se/vikingamuseet-trelleborgen

2 Ales stenar

Schwedens bekannteste Schiffssetzung liegt malerisch an der Steilküste. Aus 59 riesigen Felsen haben die Wikinger in der Nähe von Ystad ein Denkmal in Form eines Schiffs errichtet. Warum? Vielleicht handelt es sich um eine Art Grabmal; ganz sicher sind sich die Wissenschaftler aber nicht (s. auch S. 29). Man findet das kolossale Monument oberhalb der Ortschaft Kåseberga.

3 Foteviken

In diesem Freilichtmuseum begibt man sich auf eine Reise zurück in die Wikingerzeit. Hier kann man nicht nur durch ein nachgebautes Wikingerdorf spazieren, sondern auch Waffenschmieden und Bootsbauern zuschauen, die nach alten traditionellen Methoden ihrem Handwerk nachgehen.

Foteviken,
Museivägen 27,
23691 Höllviken,
www.fotevikensmuseum.se

4 Birka

Birka, auf der Insel Björkö im Mälarsee gelegen, war einst ein Handelszentrum der Wikinger und zwischen dem 8. und 11. Jahrhundert die wichtigste Stadt Nordeuropas. Heute erinnert ein Museum an diese Blütezeit. Die Nachbauten von Häusern und Booten vermitteln ein wenig Wikingerflair. 1993 wurde Birka in die Liste des UNESCO-Weltkulturerbes aufgenommen. Ausflugsschiffe verkehren in der Hochsaison täglich von Stockholm, Hovgården, Härjarö, Rastaholm und Mariefred nach Birka.

5 Gotlands Fornsal

Das Landesmuseum in Gotlands Hauptstadt Visby bietet Interessantes aus allen Epochen der Inselgeschichte, aber besonders beeindruckend ist der große Schatz aus der Wikingerzeit, der aus mehr als 700 Fundstücken aus Gold und Silber besteht. Auch die zahlreichen Runensteine, die in einem eigenen Saal ausgestellt werden, gehen auf die Wikinger zurück.

Gotlands Fornsal,
Strandgatan 14,
62156 Visby,
www.gotlandsmuseum.se

6 Wikingersammlung im Historischen Museum

Wer es ganz genau wissen will, der sollte sich in der Wikingerabteilung des Historischen Museums in Stockholm umsehen. 4000 Ausstellungsstücke, viele aus der alten Wikingerstadt Birka, und detaillierte Erklärungen sorgen dafür, dass jeder Besucher das Museum als „Wikingerexperte“ verlässt. Besonders spektakulär sind die Schatzfunde, die im „Goldzimmer“ ausgestellt werden.

Historiska museet,
Narvavägen 13–17,
11484 Stockholm,
http://historiska.se

7 Das Äskekärrskepp

Das Äskekärrschiff, das nach seinem Fundort am Götaälv benannt ist, war bis vor Kurzem das einzige erhaltene Schiff aus der Wikingerzeit, das man in Schweden gefunden hat. Die Überreste des 16 Meter langen Handelsschiffs, das wohl um das Jahr 930 gebaut wurde, sind im Stadtmuseum von Göteborg ausgestellt.

Göteborgs stadsmuseum,
Norra Hamngatan 12,
41114 Göteborg,
http://goteborgs
stadsmuseum.se

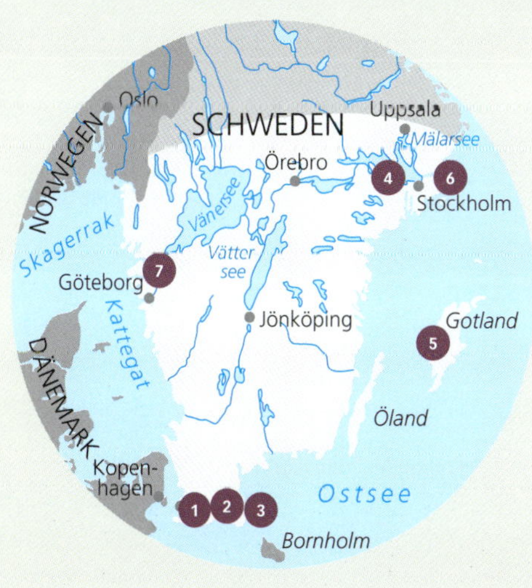

Finnlines

Der Süden

*

DAS ANDERE SCHWEDEN

*

Im Süden jedes Landes scheinen die Menschen einen besonderen Stolz auf ihre Heimat zu entwickeln, ein paar Eigenheiten mehr als anderswo und eine Sprache, die nicht für jeden auf Anhieb verständlich ist. Das ist auch in Schweden so. Gleichzeitig liegt genau hier Schwedens Tor zum Festland: die mächtige Brücke über den Öresund.

Die längste Schrägseilbrücke der Welt überspannt auf 7,5 Kilometer Länge den Öresund und verbindet Schweden mit Dänemark.

Der um 1100 erbaute romanische Dom von Lund ist eine der bedeutendsten Kirchen Schwedens.

Spektakulär wohnen und arbeiten: Über dem ehemaligen Werftviertel von Malmö erhebt sich der 190 Meter hohe „Turning Torso“ des spanischen Architekten Santiago Calatrava.

Das Hotel-Restaurant Schloss Svaneholm unweit von Malmö bietet heute den passenden Rahmen für Festlichkeiten aller Art. Der Kern der auf einer Insel erbauten Anlage geht auf die Zeit um 1530 zurück.

Blick ins Technik- und Seefahrtsmuseum: Malmö war lange Zeit eine der größten Industriestädte Schwedens.

ERST SEIT 1658 GEHÖRT MALMÖ ZU SCHWEDEN. HEUTE VERBINDET DIE ÖRESUNDBRÜCKE DIE STADT MIT DÄNEMARK.

Die Brücke über den Öresund, die seit dem Jahr 2000 Schweden und Dänemark verbindet, hat vieles verändert. Mit Wegfall der umständlichen Schiffspassagen sind Malmö und Kopenhagen zu einer Metropolregion zusammengewachsen, in der rund vier Millionen Menschen leben. In „Malmhagen“ oder „Kopenmö“ sind damit ebenso viele Menschen ansässig wie in Berlin und rund viermal mehr als in Stockholm, der größten Stadt Skandinaviens. Jetzt holen sich die Menschen das Beste aus beiden Städten. Zum Arbeiten und um sich ins Nachtleben zu stürzen, fahren viele Schweden nach Kopenhagen. Dort kann man deutlich mehr verdienen, und auch das Kulturangebot ist in der dänischen Hauptstadt besser. Umgekehrt wohnen viele Dänen in Malmö oder kommen zum Einkaufen her, weil die Mieten und das Preisniveau in Schweden niedriger ausfallen.

ABSCHIED VON DER PROVINZ

Vermutlich liegt es auch an der Brücke, dass Malmö großstädtischer geworden ist. Aus dem Provinznest, das immer im Schatten von Stockholm und Göteborg lag, ist jetzt eine kleine Metropole geworden. Da darf man den Turning Torso, das verdrehte Hochhaus, das der spanische Stararchitekt Santiago Calatrava in den Himmel Schonens wachsen ließ, durchaus als Zeichen eines neuen Selbstbewusstseins interpretieren.

DIE »BAYERN SCHWEDENS«

Schonen, die südlichste Provinz Schwedens, gehörte lange Zeit zu Dänemark und hat zum Rest des Landes ein ähnliches Verhältnis wie Bayern zu Deutschland. Man ist irgendwie dabei, aber auch stolz darauf, ein wenig anders zu sein. Mit der Sprache verhält es sich ähnlich. Die ist zwar Schwedisch, aber wenn ein Skåning, wie die Menschen hier heißen, loslegt, ist das für die übrigen Schweden schwer zu verstehen. Je nach Blickwinkel wird Schonisch wegen der politischen Zugehörigkeit als südschwedischer oder – aufgrund der Geschichte und der vielen sprachlichen Gemeinsamkeiten – als ostdänischer Dialekt bezeichnet. Die Experten der Vereinten Nationen haben Schonisch auf die offizielle Liste der vom Aussterben bedrohten Sprachen gesetzt, doch wer in Schonen unterwegs ist, merkt davon nichts; mit Hochschwedisch ist man hier nach wie vor (fast) auf verlorenem Posten.

NILS HOLGERSSONS REICH

Der berühmteste Skåning ist auch der kleinste: Nils Holgersson ist auf einem kleinen Bauernhof in Schonen zur Welt

Der viereckige Festungsturm Kärnan, um 1400 erbaut, ist das Wahrzeichen der Stadt Helsingborg. Eine Freitreppe führt vom Stortorg hinab.

Zu Besuch in der Fischräucherei in Kåseberga

Für Radfahrer ist die Insel Ven ideales Terrain.

Leuchtend rot hebt sich Landskrona Slott von der Umgebung ab. Um die gesamte, 1549 errichtete Zitadelle zieht sich ein Wassergraben.

DIE RADFAHRER, DIE IN SCHONEN UNTERWEGS SIND, HABEN ZEIT – DIE SKÅNIGER AUCH. EILE IST NICHT IHRE DEVISE.

gekommen. Natürlich nur auf dem Papier, denn der winzige Jüngling ist 1906 der Feder von Literaturnobelpreisträgerin Selma Lagerlöf (1858–1940) entsprungen, bevor er sich auf dem Rücken von fliegenden Gänsen auf den Weg in den Norden des Landes machte. Ursprünglich als Schulbuch konzipiert, wurde „Die wunderbare Reise des kleinen Nils Holgersson mit den Wildgänsen" zu einem der erfolgreichsten Kinderbücher aller Zeiten.

UNTERWEGS MIT DEM RAD

Die Heimat von Nils Holgersson eignet sich ideal zum Radfahren. Auf den Nebenstraßen Schonens begegnet man nur selten Autos, nennenswerte Hügel oder gar Berge gibt es keine. Topfeben ist es deswegen aber noch lange nicht. Mit einem Rad ohne Gangschaltung kommt man schneller ins Schwitzen, als einem lieb ist. Zudem sind die Straßen hier nicht mit dem Lineal gezogen, sondern verlaufen so, wie es die Natur und die Grundstücksgrenzen zulassen. Sie mäandern wie ein Fluss durch die Landschaft, machen scheinbar unlogische Biegungen und führen ein paar Hundert Meter in die Richtung zurück, aus der sie gekommen sind. Als hätten sie etwas vergessen. Die Radfahrer, die hier unterwegs sind, haben Zeit – und die Skåniger auch. Eile ist nicht ihre Devise.

Die Zeit zwischen 800 und 1050 gilt als Epoche der schwedischen Wikinger. Wie sie lebten, erfährt man im rekonstruierten Wikingerdorf Foteviken auf der Halbinsel Skanör. Der Fernwanderweg Skaneleden führt an diesem Ort am Meer vorbei.

Holzhäuschen in den Farben von Himmel und Meer auf Skanör. Die Halbinsel zwischen Malmö und Trelleborg ragt weit in den Öresund hinein.

Special

Ales stenar – die Steine von Ale

Schiffssetzung der Wikinger

Die Verbindung der Wikinger zum Meer und zu ihren Schiffen reichte über den Tod hinaus.

Über tausend Jahre ist es her, dass die Wikinger an der südschwedischen Küste bei Ystad ein riesiges Monument errichteten: 59 Steine, platziert in Form eines 67 Meter langen und 19 Meter breiten Schiffes. Jeder Stein wiegt zwischen 0,5 und 1,8 Tonnen. Die meisten kamen zwar aus der unmittelbaren Umgebung, einige aber wurden aus 20 bis 30 Kilometer Entfernung herbeigeschleppt. Man nimmt an, dass die Wikinger dazu den Winter nutzten und die Steinkolosse übers Eis hierher zogen. Wissenschaftler vermuten, dass mit den Steinmonumenten Verstorbene geehrt werden sollten.

Heute sind die Ales stenar die meistbesuchte Attraktion im Süden Schwedens. Über 850 000 Menschen zieht es jährlich hierher, um den geheimnisvollen Platz zu bestaunen.

Typisch für Schonen sind die weiten Kornfelder, die roten und gelben Holzhäuschen, umgeben von Gärten, sowie die Wälder und Wiesen, auf denen hier vor allem Pferde weiden. Und die gibt es zuhauf, jeder zweite Bauernhof bietet Reiterferien an. An der Küste sieht es ähnlich aus wie in Mecklenburg-Vorpommern. Hier wie dort sind die Strände lang und sandig, die Küsten flach und der Wind stetig. Allerdings hat man in Schonen mehr Platz. Auch im Hochsommer liegt man hier nicht sardinendicht nebeneinander.

MORD AUF DEM PAPIER

Von Trelleborg bis Ystad reiht sich eine Bucht an die andere. Doch Achtung: An den Stränden der Südküste Schwedens wird immer wieder mal eine Leiche angeschwemmt – wenn auch nur in den Krimis von Henning Mankell. Seine Romane, die mittlerweile weltberühmt sind, spielen fast alle hier im Süden Schwedens, genauer: im Hafenstädtchen Ystad. Der kleine Ort hat von den Wallander-Krimis auch touristisch profitiert. Inzwischen pilgern die Fans des ewig mürrischen Kommissars zu Tausenden in die Stadt, um sich die Tatorte anzusehen, auch wenn die nur fiktiv sind. Rein statistisch gesehen wird im realen Ystad nur ein Mal in sieben Jahren gemordet.

Die schönsten Wanderrouten

QUERFELDEIN DURCH SÜDSCHWEDEN

Für Wanderer ist Schweden das ideale Urlaubsland. Selbst im Süden leben verhältnismäßig wenige Menschen, entsprechend schnell kommt man hinaus in die Natur. Infrastruktur und Ausschilderung der Wege sind perfekt, fast überall findet man im Abstand einer Tageswanderung Hütten. Außerdem erlaubt das schwedische Jedermannsrecht Wildzelten entlang der Routen.

2

4

1 Skåneleden

Der Skåneleden führt auf über 1600 Kilometern kreuz und quer durch Schonen, die südlichste Provinz Schwedens. Eingeteilt ist er in rund 144 unterschiedlich lange Tagesetappen, die wiederum in sechs größeren, bis zu 370 Kilometer langen Abschnitten zusammengefasst sind. Orangefarbene Markierungen weisen zuverlässig den Weg, der nahezu jede landschaftliche Sehenswürdigkeit der Region passiert. Wer nicht monatelang durch Schonen wandern will, kann Teilstrecken auswählen und seine Lieblingsgegenden besuchen (s. auch S. 35).

www.skaneleden.se

2 Pilgrimsleden

Der Pilgerweg (Pilgrimsleden) führt in der Provinz Dalsland über 51 Kilometer von Mellerud am Vänersee bis nach Edsleskog. Die Route ist durchaus anspruchsvoll – drei Tage sollte man dafür allemal einplanen. Wanderer haben dann auch genügend Zeit, die Naturschönheiten entlang des Pilgerwegs zu genießen: einsame Seen, den Dalslandkanal und die sanfte Erhebung des Kroppefjäll.

3 Roslagsleden

Von Danderyd, einem nördlichen Stadtteil Stockholms, führt der 190 Kilometer lange Roslagsleden an Norrtälje vorbei bis nach Grisslehamn. Die Tour bringt den Wanderer zwar hinaus in die Natur, durch Wälder, zu Seen und Badestellen am Meer, und doch passiert man immer wieder malerische Dörfer und kleine Städtchen. So ist die Wanderung auch für Anfänger zu schaffen, denn selbst wer die gesamte Strecke in Angriff nimmt, braucht kein großes Gepäck zu schleppen.

4 Europäischer Fernwanderweg E 6

Was wie der Name einer Autobahn daherkommt, ist die Bezeichnung eines Fernwanderwegs, der Europa von Nord nach Süd durchzieht und von Kilpisjärvi in Finnland bis an die Dardanellen in der Türkei führt. Schwedischen Boden betritt er in Grisslehamn, wo die Route, von der anderen Seite der Ostsee kommend, fortgesetzt wird. In Schweden führt sie dann über 1400 Kilometer zur Hauptstadt Stockholm und durch die Provinzen Sörmland, Östergötland, Halland und Skåne bis nach Malmö, um dann über die Öresundbrücke nach Dänemark hinüberzuwechseln. Der E 6 ist also die perfekte Route für alle, die ausreichend Zeit haben und die in diesem Band beschriebenen Regionen am liebsten zu Fuß kennenlernen wollen.

5 John Bauer leden

Der nach dem schwedischen Maler John Bauer benannte Wanderpfad führt auf 46 Kilometer Länge von Huskvarna nach Gränna. John Bauer ließ sich bei Spaziergängen hier in der Region zu seinen Bildern inspirieren, die oft Trolle und Prinzessinnen zeigen. Vielfältig und widersprüchlich wie seine Motive ist auch die Landschaft, durch die der Weg verläuft. So führt er durch die dunklen Wälder entlang des Vättersees, aber auch hinauf zu lichten Aussichtspunkten, zu grünen Wiesen und Weiden. Der Pfad ist zwar technisch einfach, erfordert aber, da er in stetem Auf und Ab dahingeht, doch einige Kondition.

6 Utvandrarleden

Der „Auswandererweg" ist ein 110 Kilometer langer Rundweg, der in der Provinz Småland u. a. Emmaboda, Lessebo und Tingsryd miteinander verbindet. Die Route führt zu Orten, die der schwedische Autor Vilhelm Moberg (1898 bis 1973) in seinem weltberühmten Roman „Die Auswanderer" beschrieben hat. Doch keine Sorge: Auch wer das Buch nicht kennt, wird die Tour über Waldwege und Pfade genießen. Immer wieder führt die Strecke zu Aussichtspunkten hinauf und an Seen vorbei, in denen sich erschöpfte Wanderer erfrischen können.

www.utvandrarleden.se

Maßstab 1:900.000
0
10km
Ö S T E R S J Ö N
(O S T S E E)
Hanöbukten
Hanöbanken
Bornholmsgattet
Laholmsbukten
Skälderviken
Lundåkrabukten
Lommabukten
Køge Bugt
Kronobergs län
Blekinge län
Skåne län
Nybro
Karlskrona
Ronneby
Karlshamn
Kristianstad
Hässleholm
Halmstad
Ängelholm
Höganäs
Helsingborg
Helsingør
Landskrona
Lund
Eslöv
Malmö
København
Trelleborg
Ystad
Simrishamn
Åhus
Sölvesborg
Hillerød
Dragør
Gentofte
Kongens Lyngby
Bornholm (Danmark)
Christiansø
Hammer Odde
Gudhjem
Hanö
Ven
Amager
Stevns Klint

STRÄNDE UND EIN KOMMISSAR

Im Süden Schwedens warten lange Sandstrände auf Urlauber. Das Land ist flach, die roten und gelben Schwedenhäuschen leuchten in der Sommersonne. Malmö ist mit der dänischen Hauptstadt Kopenhagen dank der Öresundbrücke zu einer spannenden Metropolregion verschmolzen.

1 Malmö

Malmö ist mit 325 000 Einwohnern die drittgrößte Stadt Schwedens. Die im Jahr 2000 eröffnete Öresundbrücke verbindet den Ort mit Dänemarks Hauptstadt Kopenhagen. Seither ist über das Meer hinweg eine Metropolregion herangewachsen.

SEHENSWERT

Der **Stortorg** („großer Platz") liegt im Zentrum Malmös. In seiner Mitte erhebt sich das Denkmal von König Karl X. Gustav, der Malmö und Schonen 1658 von Dänemark eroberte. Auf der Ostseite des Platzes befindet sich das **Rathaus** von 1546 (Außenfassade aus dem 19. Jh.). Auf der Nordseite ist das Residenzgebäude einen Blick wert; am südöstlichen Ende des Platzes lohnt ein Besuch der im gotischen Stil eingerichteten **Löwenapotheke** (Apoteket Lejonet). Die gotische **Kirche St. Petri** (erbaut Anf. des 14. Jh., Krämarkapelle von 1520 mit Wand- und Deckenmalereien) ist das älteste Gebäude der Stadt. Am Lilla torg mit seinen Freiluftrestaurants befindet sich auch der Eingang zur Markthalle.
Etwas außerhalb des Zentrums ragt der **Turning Torso** in den Himmel. Das 2001–2006 nach einem Entwurf des spanischen Stararchitekten Santiago Calatrava erbaute, „in sich verdrehte" Hochhaus ist mit 190 m das höchste Gebäude Schwedens. In Malmö bietet sich eine **Sightseeingtour zu Wasser** an. Die Fahrt führt am Rande des Zentrums entlang.

MUSEEN

Die **Festung Malmöhus**, deren älteste Teile auf König Erich von Pommern (1412–1439) zurückgehen, ist das größte Renaissanceschloss des Nordens. Hier sind das Kunstmuseum, das Naturkundliche Museum und eine ethnologische Abteilung untergebracht (Malmöhusvägen 6, www.malmo.se/museer; Di.–So. 11.00 bis 17.00 Uhr). Gegenüber liegt das **Museum für Technik und Seefahrt** (gleiche Öffnungszeiten). Interessant ist das 1942 vom Stapel gelaufene U-Boot U 3, das einen Eindruck von der klaustrophobischen Situation einer U-Boot-Besatzung vermittelt. Das **Moderna Museet** (Ola Billgrens plats 2–4, Di.–So. 11.00–17.00, Do. bis 19.00 Uhr; www.modernamuseet.se/malmo/en) zeigt zeitgenössische Kunst der internationalen Spitzenklasse.

Mittelalterliche und frühneuzeitliche Baukunst: Marienkirche in Ystad mit Barockaltar und die Fassade des Rathauses von Malmö

HOTEL

Das 30 km südlich von Malmö gelegene Hotel **€€€/€€€€ Gässlingen** (Rådhustorget 6, Skanör, Tel. 040 45 91 00, https://gasslingen.com) bietet 10 Gehminuten vom Strand ein gemütliches Ambiente.

RESTAURANT

Im **€€ Rådhuskällaren** (Kompanigatan 5, Tel. 040 7 90 20, www.radhuskallaren.se) kommt schwedische Küche in historischem Ambiente auf den Tisch.

UMGEBUNG

Auf der Halbinsel **Skanör/Falsterbo** (32 km südl.) liegen einige der schönsten Badestrände Südschwedens. Hier lädt das **Freilichtmuseum Foteviken** (www.fotevikensmuseum.se; Mai bis Mitte Juni u. Mitte Aug.–Sept. Sa., So. 10.00 bis 16.00, Mitte Juni–Aug. tgl. 10.00–17.00 Uhr) zu einer Reise in die Wikingerzeit ein.
In **Trelleborg** (33 km südl.) legen Fähren aus Rostock, Travemünde und Swinemünde an.
In **Smygehuk**, dem südlichsten Punkt Schwedens, befinden sich in einem ehem. Leuchtturm eine Jugendherberge und ein Café.

INFORMATION

Kein Touristenbüro, dafür mehrere Infopoints, u. a. im Emporia Shoppingcenter, Hyllie Boulevard 19, und im Moderna Museet, Ola Billgrens Plats 2–4; www.visitmalmo.se

2 Ystad

Kommissar Wallander hat Ystad (31 500 Einw.) berühmt gemacht, denn hier spielen die meisten Kriminalromane von Henning Mankell.

SEHENSWERT

Ystad ist für seine rund **300 Fachwerkhäuser** bekannt. Besonders schön sind Änglahus (16. Jh.) und Brahehus (15. Jh.), beide in der Stora Norregatan, sowie das Pilgrändshus (1480) in der Stora Östergatan. Am Stortorg sind das **Alte**

Tipp

Baden wie einst

Badehäuser, in denen Männer und Frauen getrennt baden gingen, gab es viele im Schweden des 19. Jh. Im „Kaltbadehaus" von Ribersborg steigen abgehärtete Schwimmer bis heute rund ums Jahr in die kalte Ostsee. Davor wärmt man sich in der Sauna auf, hinterher isst man im Restaurant des historischen Gebäudes.

www.ribersborgskallbadhus.se

Rathaus und die **Marienkirche** (13. Jh., Umbauten 15./16. Jh.) sehenswert, in der Kirche die Barockkanzel (17. Jh.) und der Altaraufsatz (18. Jh.). Bei einer Führung durch die **Ystad Filmstudios** erfährt man Hintergrundinfos zu den Wallanderfilmen (Elis Nilssons väg 8, Tel. 0411 57 77 66, www.ysvc.se; Mo.–Fr. 10.00 bis 16.00, Sa. 11.00–15.00 Uhr).

ERLEBEN
Viele Fans des eigenbrötlerischen Kommissars Kurt Wallander pilgern an den Ort des mörderischen Geschehens. Im Touristenbüro erhält man die Broschüre **Auf den Spuren von Kurt Wallander** und kann Führungen buchen.

HOTEL
Das **€€€ Anno 1793 Sekelgården** (Långgatan 18, Tel. 0411 7 39 00, www.sekelgarden.se) in einem Handelshof von 1793 spielt auch in einigen Büchern Henning Mankells eine Rolle.

UMGEBUNG
In **Kåseberga** (18 km südöstl.) stehen die grandiosen **Ales stenar** TOPZIEL (s. S. 29) aus der Wikingerzeit. Direkt am Hafen von Kåseberga befindet sich eine beliebte Fischräucherei. Schloss Svaneholm bei **Skurup** (1530; 23 km westl.) beherbergt heute ein Museum (https://svaneholmsslott.se; April–Mitte Juni, Sept. Sa., Mitte Juni–Aug. Di.–So. 11.00–16.00 Uhr).

INFORMATION
Ystads Turistbyrå, St. Knuts torg, 271 42 Ystad, Tel. 0411 57 76 81, www.ystad.se

3 Simrishamn

Der Fischerort (19 000 Einw.) an der Ostküste Skånes lockt Touristen mit engen Gassen und bunten Fachwerkhäusern. In der Umgebung des Ortes liegen sehr schöne Badestrände.

SEHENSWERT
In der gemütlichen Altstadt lohnt ein Abstecher ins **Österlensmuseum** (Storgatan 24; Di.–Fr. 11.00–17.00, Sa., So. 11.00–15.00 Uhr) zur Geschichte und Kultur der Region.

UMGEBUNG
Sehenswert im **Nationalpark Stenshuvud** (15 km nördl.) ist die bis zu 100 m hohe Steilküste. **Burg Glimmingehus** (1499; 13 km südwestl.), der älteste unverändert erhaltene Profanbau Schwedens, wurde aufgrund des ausgeklügelten Verteidigungssystems nie erobert.

INFORMATION
Simrishamns turistbyrå, Varvsgatan 2, 272 80 Simrishamn, Tel. 0414 81 98 00, www.simrishamn.se

4 Karlskrona

Als Schweden im 17. Jh. Weltmacht war, war Karlskrona der Hauptstützpunkt seiner Flotte. Teile der Stadt (67 000 Einw.) und der Marinehafen gehören zum UNESCO-Weltkulturerbe.

SEHENSWERT
Der **Stortorg** gehört zu den schönsten Plätzen Schwedens. In seiner Mitte steht die Statue des Stadtgründers Karl XI., umrahmt von der 1802 vollendeten Dreifaltigkeitskirche mit ihrer mächtigen Kuppel, der barocken **Frederikskyrka** (1744) und dem **Rathaus** (18. Jh.). Die **Admiralitätskirche** (1685) ist die größte Holzkirche Schwedens. Auf den Besuch des spektakulären **Marinemuseums** (Stumholmen, www.marinmuseum.se/de; Juni–Aug. tgl. 10.00 bis 17.00, Sept. Mo.–Fr. 10.00–16.00, Okt.–Dez. Di.–So. 10.00–16.00, Mi. bis 19.00 Uhr) sollte niemand verzichten, der sich für die Seefahrt interessiert. Das 140 m lange, moderne Hauptgebäude steht teils auf Pfählen im Wasser. Ein Unterwassertunnel mit Fenstern führt über den Grund der Ostsee. Die Sammlung von Galionsfiguren ist die größte ihrer Art in Nordeuropa. Eine weitere Ausstellungshalle zeigt zwei U-Boote.

INFORMATION
Karlskrona Turistcenter, Skeppsbrokajen 10, 371 33 Karlskrona, Tel. 0455 30 34 90, www.visitkarlskrona.se

5 Helsingborg

In den letzten Jahren hat Helsingborg (150 000 Einw.) sein Gesicht verändert. Aus einer drögen Industriestadt ist ein pulsierendes Kulturzentrum am Öresund geworden.

SEHENSWERT
Das neugotische **Rathaus** (1897) entstand in einer Epoche, in der die Stadt nach Zeiten des Niedergangs wieder voller Optimismus war; entsprechend prunkvoll ist der Bau ausgefallen. Der Turm ragt stolze 65 m in die Höhe. In der gotischen **Maria kyrka** (frühes 14. Jh.) zieht eine wuchtige Renaissancekanzel die Aufmerksamkeit der Besucher auf sich. Jüngste Sehenswürdigkeit ist das 2002 erbaute **Dunkers Kulturhus** (Kungsgatan 11, https://dunkerskulturhus.se), ein Konzert- und Kulturzentrum, das nach dem größten Mäzen der Stadt, einem Gummifabrikanten, benannt ist. Oberhalb der Stadt steht seit mehr als 600 Jahren der **Kärnan**, ein 34 m hoher Backsteinturm mit Museum. Von der Plattform bietet sich ein weiter Blick über Stadt und Sund.

MUSEUM
Knapp 3 km außerhalb des Stadtzentrums liegt das Freilichtmuseum und Kulturzentrum **Fredriksdal**, dessen Mittelpunkt das 1787 erbaute klassizistische Herrschaftshaus Fredriksdals Herregård bildet. Die Parkanlage lädt zu langen Spaziergängen ein (Hävertgatan, www.fredriksdal.se; April–Sept. tgl. 10.00–18.00, sonst bis 16.00 Uhr).

RESTAURANT
Das Kaffeehaus **€ Flickorna Lundgren** auf der Kullahalbinsel, zu dem ein herrlicher Garten gehört, empfängt seit 1938 Gäste (Skäretvägen 19, Skäret, Tel. 042 34 60 44, https://flickornalundgren.se; Ostern–Ende Sept.).

UMGEBUNG
Sofiero Slott (erbaut 1865) kennt man vor allem wegen des großen Parks, in dem 10 000 Rhododendronsträucher wachsen (Blüte im Mai/Juni). Nördlich von Helsingborg ragt die Landspitze **Kullaberg** wie ein Zeigefinger ins Meer. Am äußersten Ende steht Nordeuropas höchstgelegener Leuchtturm; sein extrem helles Leuchtfeuer in 78,5 m NHN sichert das Kattegat.

INFORMATION
Helsingborgs Stad, Tel. 042 10 50 00, www.visithelsingborg.com

Dunkers Kulturhus in Helsingborg (oben); Portal der Universitätsbibliothek von Lund

6 Landskrona

Die Stadt (47 000 Einw.) hat sich mit ihrem Umweltengagement international einen Namen gemacht. Für Touristen ist sie vor allem als Sprungbrett zur Insel Ven wichtig.

SEHENSWERT
Einen Besuch lohnen die 1549 von König Christian III. erbaute **Zitadelle**, die **Sofia-Albertina-Kirche** aus dem 18. Jh. und das **Haijiska Huset** (Kungsgatan 13), in dem die Schriftstellerin Selma Lagerlöf von 1885 bis 1891 wohnte.

UMGEBUNG
Ein Ausflug zur autofreien **Insel Ven** TOPZIEL gehört zum Schönsten, was Südschweden zu bieten hat. Gut ausgebaute Wege und eine abwechslungsreiche, flache Landschaft machen Ven zum Fahrradparadies. Die wichtigste Sehenswürdigkeit ist das Tycho Brahe Museum (www.landskrona.se/tychobrahe, Mai–Mitte Juni tgl. 9.30–16.00, Mitte Juni–Mitte Aug. tgl. 9.30–17.30, Mitte Aug.–Okt. Sa., So. 9.30–14.00 Uhr). Der berühmte Astronom wurde auf Schloss Knutstorp 30 km östlich von Landskrona geboren. Von der Sitzbank an der Friedhofsmauer der St.-Ibb-Kirche geht der Blick hinaus aufs Meer.

INFORMATION
Landskrona turistbyrå, Tel. 0418 47 00 00, https://ilandskrona.se/de;
Fähre zur Insel: https://ventrafiken.se

7 Lund

Lunds 1666 gegründete Universität ist die zweitälteste im Land. Mehr als ein Drittel der gut 127 000 Einwohner sind Studenten.

SEHENSWERT
Der romanische **Dom** (www.svenskakyrkan.se/lundsdomkyrka; Mo.–Fr. 8.00–18.00, Sa. 9.30 bis 17.00, So. 9.30–18.00 Uhr) ist eine der bedeutendsten Kirchen Schwedens. Allerdings ist vom ursprünglichen Bau von 1145 nur noch die Krypta erhalten. Der Rest wurde bei einem Brand 1234 schwer beschädigt. Sehenswert sind das Eingangsportal, das 24 biblische Motive zeigt, und die Astrologische Uhr **Horologium mirabile Lundense** von 1380 (sie „spielt" tgl. 12.00 u. 15.00 Uhr). Die vom in seiner Zeit berühmten Uhrmacher Nikolaus Lilienfeld gefertigte Uhr ist heute in großen Teilen eine Rekonstruktion aus dem Jahr 1923.

MUSEUM
Das Freilichtmuseum **Kulturen** (Tegnérplatsen, www.kulturen.com; Mai–Mitte Sept. tgl. 10.00 bis 17.00, sonst Di.–So. 10.00–16.00, Do. jeweils bis 20.00 Uhr) zeigt fast 40 Gebäude und Kulturhistorisches aus Schweden.

INFORMATION
Infopoints, u. a. im Museum Kulturen, Tel. 046 13 14 15, www.visitlund.se

ZU FUSS DURCH SCHWEDEN

Der Skåneleden führt über 144 Etappen und rund 1600 Kilometer kreuz und quer durch Schwedens südlichste Provinz. Wer will, kann wochenlang unterwegs sein, aber auch Tagesetappen sind jederzeit möglich. Eine besonders schöne verläuft immer an der Ostsee entlang von Rydebäck nach Landskrona. Die leichte Tour, die gut ausgeschildert meist an der Steilküste entlangführt, bietet herrliche Ausblicke aufs Meer und die Insel Ven. Die kleinen Teiche, die man gleich zu Anfang passiert, sind alte, mit Wasser vollgelaufene Lehmgruben: Überreste von Ziegeleien, die noch bis ins 19. Jahrhundert in Betrieb waren. Auch stößt man entlang der Küste oft auf historische Verteidigungsanlagen, ob nun Erdwälle aus der Zeit des Großen Nordischen Krieges (1700–1721) oder Bunker aus dem Zweiten Weltkrieg.

Bis in die Steinzeit geht das Ganggrab bei Örenäs zurück. Wagemutige Besucher können hineinkriechen. In Ålabodarna steht das Geburtshaus des schwedischen Dichters Gabriel Jönsson (1892–1984). Eine kleine Pause bietet sich am Hafen des Fischerörtchens an. Über dem Ort erhebt sich Schloss Örenäs. Das 1918 erbaute Herrschaftshaus beherbergt heute ein Hotel.

Rund 40 Kilometer nördlich von Rydebäck führt der Skåneleden auch über die Halbinsel Kullaberg

Zwei-Länder-Blick: Ein kurzer Abstecher führt zur Hügellandschaft Glumslöv Backar. Obwohl es nur wenige Meter nach oben geht, ist die Aussicht vom „Gipfel" beeindruckend. Der Blick schweift über gut dreißig Kirchen und sieben Städte in Schweden und Dänemark, angefangen von Kopenhagen im Süden bis Helsingør im Norden.

Die beschriebene Etappe ist ca. 13 km lang und Teil des Trail Nr. 5 (Öresundtrail). Ausgangs- und Endpunkt der Wanderung sind leicht mit Bus und Bahn zu erreichen.
Alles Wissenwerte, Routenmarkierung, Kartenmaterial und Kartendownload unter www.skaneleden.se

Ostsmåland, Gotland und Öland

*

WINDMÜHLEN UND SCHAFE

*

Öland und Gotland sind die Sommerinseln der Schweden. Wer hierher kommt, ist in Urlaubsstimmung und träumt vielleicht sogar davon, hier zu leben. Außerhalb der Saison haben die Inseln aber mit Arbeitslosigkeit zu kämpfen. Am Festland spielt Glas eine wichtige Rolle: Småland ist Teil des berühmten schwedischen „Glasreichs".

Bei Gettlinge auf Öland gibt es gleich zweimal Typisches: eine Schiffssetzung und eine Windmühle.

Köstliche Tropfen aus regionalem Anbau (rechts): Seit dem Jahr 2000 wachsen sogar auf Gotland Rebstöcke, im Gute Vingård und der Långmyre Vineri. Inselhauptstadt Visby: Die berühmte Stadtmauer bietet die perfekte Kulisse für das Mittelalterfest (ganz rechts); Blick in den Dom (unten); Ausklang des Tages auf dem Stortorg (unten rechts).

Gotland, Schwedens größte Insel, ist die Insel der Schafe. Neben rund 61 000 Menschen leben hier mehr als 70 000 Schafe. So ist denn auch auf der Flagge der Insel ein Widder zu sehen. Schon seit Jahrhunderten spielt die Schafzucht eine besondere Stellung in der gotländischen Landwirtschaft. Deswegen gehört es auch zu jedem Gotlandurlaub, Lammsmäcka zu probieren. Eigentlich sind das nichts anderes als Frikadellen aus Lammfleisch. Den Unterschied machen jedoch die Gewürze aus, die man ihnen beifügt. Rezepte für dieses Gericht werden in gotländischen Familien von Generation zu Generation weitergegeben. Kajp steht aber fast immer auf der Zutatenliste; der auf Gotland wachsende Wildlauch war die Leibspeise

NIRGENDS IN SCHWEDEN SCHEINT SO LANGE DIE SONNE UND NIRGENDS IST ES SO WARM WIE AUF GOTLAND.

der Wikinger, die ihn vor allem am Ende des Winters aßen. Nach den langen Nächten und kalten Tagen sollte er den Nordmännern frische Kraft und neuen Mut verleihen.

GEHEIMNISVOLLE RAUKAR

Gotland bietet aber mehr als nur Schafe und gute Küche. Es ist auch eine Insel mit faszinierender Natur. Typisch für die Insel sind die Raukar. Der berühmte Naturforscher Carl von Linné hat diese bizarr verwitterten Kalksteinfelsen mit „Statuen, Pferden und allerlei Geistern und Teufeln" verglichen.

Nirgends in Schweden scheint so lange die Sonne und nirgends ist es so warm wie auf Gotland. Deswegen ist die Insel mit ihren schönen Stränden auch als Badeziel gefragt. Vorzugsweise allerdings bei schwedischen Gästen. Weil für sie die Sommersaison erst nach Mittsommer beginnt und Anfang August schon

Die „Schafinsel" Fårö, von Gotland nur durch einen schmalen Meeresarm getrennt, ist ein Paradies für Naturliebhaber.

Im Naturreservat Ekstakusten kämpfen die Krüppelkiefern gegen Wind und Wetter …

… auf Fårö weichen und wanken die Raukar nicht.

Gotska Sandön: Vierzig Kilometer nördlich von Gotland beginnt die ganz große Einsamkeit.

wieder endet, haben ausländische Touristen anschließend die Strände der Ostseeinsel für sich allein. Viele Gäste leihen sich ein Fahrrad und machen sich auf den Weg, um die für die Insel so typischen Kirchen zu besuchen oder um von Galerie zu Galerie zu fahren. Auf der Insel haben sich viele Künstler niedergelassen, die sich vom Licht der Sonneninsel inspirieren lassen. Radfahrer mit guter Kondition können Gotland auf dem etwa 500 Kilometer langen Gotlandsleden umrunden.

DIE MAUER GEGEN BAUERN

Von der Mitte des 12. bis zur Mitte des 14. Jahrhunderts gehörte Gotland zu den wohlhabendsten Regionen Europas. Anfangs war der Reichtum zu gleichen Teilen zwischen Stadt und Land verteilt. Dann aber ließen sich deutsche Hansekaufleute in Visby nieder. Die Stadt sicherte sich Zollprivilegien und wurde immer reicher, während das Umland zusehends verarmte. Und dies sollte nach dem Willen der Hansekaufleute auch tunlichst so bleiben. Sie umzogen Visby mit einer Stadtmauer, die nicht zur Abwehr äußerer Feinde gedacht war, sondern um die eigenen Bauern fernzuhalten. Die dadurch verursachten Spannungen kulminierten 1288 in einem Aufstand der Landgemeinde, der jedoch blutig niedergeschlagen wurde.

EIN DÄNISCHER EROBERER

Erobert wurde Visby 1361 vom Dänenkönig Valdemar Atterdag. Der landete auf Gotland und metzelte zunächst mit seinem überlegenen Heer die schlecht ausgerüstete Streitmacht der Bauern nieder, denen die Stadtbewohner die Zuflucht hinter den sicheren Mauern versagt hatten. Als der Dänenherrscher dann vor den Stadttoren stand, öffneten ihm die Einwohner Visbys bereitwillig die Tore, im Glauben, sie könnten unter ihm ihre einträglichen Geschäfte fortsetzen. Diese Rechnung aber hatten sie ohne Valdemar Atterdag gemacht. Mit dem Tag der Machtübernahme durch die Dänen begann auch der Niedergang Got-

Besuch auf Öland: Der Leuchtturm Långe Jan an der Südspitze der Insel ist 42 Meter hoch. Die Stora Alvaret erkundet man besonders bequem hoch zu Ross; um die Blumen der Kalkheide zu studieren, muss man freilich absteigen. Ein Fernglas griffbereit zu haben lohnt auch auf jeder Bootstour.

Bockwindmühlen können mithilfe eines langen Hebels in den Wind gedreht werden. Auf Öland stehen sie oft in einer Reihe, wie hier die Windmühlen bei Gårdslösa.

RUND 400 VON EHEMALS ÜBER 2000 MÜHLEN STEHEN IMMER NOCH AUF ÖLAND, DER INSEL DES WINDES.

lands. Die Besucher unserer Tage profitieren von der Feigheit und Geldgier der Hansekaufleute: Die Stadt blieb damals unzerstört und gehört deswegen heute zu den schönsten Städten Nordeuropas. Bereits 1995 wurde Visby in die Welterbeliste der UNESCO aufgenommen. Im August erinnert man beim Mittelalterfestival an die Eroberung der Insel. Einheimische und Gäste begeben sich auf eine spannende und farbenfrohe Zeitreise zurück ins 14. Jahrhundert.

MÜHLENRÄDER IM WIND

Gotlands Nachbarinsel Öland ist die Insel des Windes. Fast jeden Tag streicht eine steife Brise über die flache Insel, weshalb hier einst die Mühlenflügel knatterten. Im 19. Jahrhundert war der Besitz einer Mühle überlebenswichtig für die Bauern, und so hatte fast jeder Bauernhof seine eigene Bockwindmühle. Statistisch kamen damals auf eine Windmühle nur etwa zehn bis zwanzig Einwohner. Rund 400 der ehemals über 2000 Mühlen stehen immer noch, benutzt werden sie aber schon lange nicht mehr. Heute dienen sie einzig als malerische Fotomotive. Besonders schön: die fünf Mühlen von Lerkaka, die wie an der Perlenschnur aufgereiht sind, oder die Mühle von Gettlinge, die malerisch hinter einer Schiffssetzung steht.

DIE STORA ALVARET

Die Gräberfelder aus der Stein- und Eisenzeit sind Zeugen der langen Inselgeschichte. Das gilt auch für die Hügelgräber aus der Bronzezeit und die Burganlagen aus der Zeit der Völkerwanderung. Öland ist schon seit 9000 Jahren bewohnt. Heute leben noch 25 000 Menschen auf der Insel, halb so viele wie im 19. Jahrhundert, Tendenz sinkend. Die Landwirtschaft ernährt immer weniger Leute, während der Tourismus nur für zwei bis drei Monate die Kassen füllt. Danach stehen die Ferienhäuser wieder leer, die Hotels schließen vielerorts nach dem Sommer ganz die Türen. Dabei hat Öland auch in der Nachsaison einiges zu bieten. Der herbe Reiz der steppenartigen Kalkheiden der Stora Alvaret entfaltet im Herbst sogar eine noch intensivere Wirkung. Hier im Süden der Insel leben seltene Vögel und Pflanzen. Einige von ihnen, zum Beispiel das Öland-Sonnenröschen, kommen weltweit ausschließlich hier vor. Nicht nur deshalb zählt die Stora Alvaret zum UNESCO-Weltnaturerbe.

SCHLOSS DER KRONPRINZESSIN

Im Sommer verbringen nicht nur viele Touristen ihren Urlaub auf der Insel, sondern auch die Königsfamilie. Und Kronprinzessin Victoria feiert im könig·

1941 erfand Astrid Lindgren ihre berühmteste Figur: Pippilotta Viktualia Rullgardina Krusmynta Efraimsdotter Långstrump. Im Freizeitpark „Astrid Lindgrens World“ in Vimmerby werden viele Szenen aus Pippi Langstrumpfs Abenteuern nachgespielt. Auch viele andere Lindgren-Schöpfungen haben ihren Auftritt.

Macht und Glanz stellte das Wasserschloss von Kalmar seit Ende des 11. Jahrhunderts zur Schau. 24 Belagerungen überstand die Feste, die im Lauf ihrer Geschichte mehrfach umgebaut wurde, zuletzt im 16. Jahrhundert im Stil der Renaissance.

IN VIMMERBY LEBTE ASTRID LINDGREN, UND HIER SPIELEN AUCH IHRE BÜCHER.

lichen Sommerschloss Solliden sogar ihren Geburtstag. Am 14. Juli, dem Victoriadagen, flattert aus diesem Anlass überall die schwedische Flagge. Und obwohl sie nicht im Schloss mitfeiern dürfen, ist dieser Tag für alle Öländer ein ganz besonderes Fest.

Anders als Gotland liegt Öland nur wenige Kilometer vom Festland entfernt. Seit 1973 kann man auf einer sechs Kilometer langen Brücke mit dem Auto von Kalmar nach Färjestaden hinüberfahren. Seitdem trägt der Ort auf der Insel eigentlich den falschen Namen – Färjestaden bedeutet nämlich Fährenstadt. Eine Umbenennung in Brostaden („Brückenstadt") ist aber nicht geplant ...

ZURÜCK AUF DEM FESTLAND

Jenseits der Brücke liegt Kalmar, ein geschichtsträchtiger Ort. Hier wurde 1397 die Union der nordischen Staaten beschlossen, die „Kalmarer Union".

Im Landesinneren, versteckt in den Wäldern Smålands, liegt das Glasriket, das „Glasreich". In der Region, in der von alters her Glas geblasen wird, kann man noch heute eine Tour von einer Glashütte zur nächsten unternehmen (siehe auch Seite 46). Und wer noch ein bisschen weiter fahrt, der kommt in die Heimat von Pippi Langstrumpf. Im småländischen Vimmerby lebte die Kinderbuchautorin Astrid Lindgren, und hier spielen auch ihre Bücher.

Das schwedische Glasreich

MADE IN SWEDEN

Schwedisches Glas ist weltberühmt. In Schweden wiederum ist das Glasriket, das Glasreich, das Zentrum der Glasherstellung. Es liegt in der historischen Provinz Småland im Südosten.

Kosta, Orrefors und Nybro sind die heimlichen Hauptstädte des schwedischen Glasreichs. Hier liegen die meisten der insgesamt 13 Glashütten, die bis heute noch betrieben werden. Glas ist ein Riesengeschäft, das heutzutage von Konzernen beherrscht wird. Kosta-Boda und Orrefors beispielsweise gehören zusammen mit der Hütte in Åfors seit 2005 zu einem großen Konzern. In der jüngeren Vergangenheit haben sich allerdings ein paar Künstler ans Werk gemacht und kleine Manufakturen gegründet. Die werden in der Zählung oft vergessen.

Vasen, Schalen und vieles mehr – in den Hütten des Glasreichs entstehen bis heute kunstvolle Objekte.

DIE GROSSE SHOW

Für den Tourismus ist es wichtig, dass die Gäste etwas zu sehen bekommen. Und die beste „Show" bieten nun mal die Großen. Mehr als eine Million Besucher kommen jedes Jahr in die Hütten, um zuzusehen, wie aus glühender Glasmasse hauchdünne Gläser, strapazierfähige Vasen und dekorative Schalen entstehen. Mit den kostenlosen Vorführungen soll die Kundschaft Lust bekommen auf den Fabrikverkauf, den jede Glashütte bietet. Wer mag, kann sich auch selbst einmal als Glasbläser versuchen.

WER SEINEN GÄSTEN IM 16. JAHRHUNDERT DEN WEIN IN FEINSTEN GLÄSERN KREDENZTE, KONNTE AUCH IN BLAUBLÜTIGEN KREISEN EINDRUCK SCHINDEN.

GLAS FÜR DEN KÖNIG

Die Geschichte der schwedischen Glasbläserei nahm im 16. Jahrhundert ihren Anfang. Damals herrschte König

Die Hütte Transjö am Fluss Lyckebyå gehört zu den kleinsten im Glasreich.

Meister an der Glasflöte: Mikael Johansson von der Glashütte Puckeberg (ganz oben) und Jan-Erik Ritzman von der Transjö Hütte

Gustav I. Wasa, unter dem Schweden zum Großreich aufstieg. Trotz aller militärischen Erfolge der Nordeuropäer blickten die „Königskollegen“ mit einem leichten Naserümpfen auf den „unzivilisierten“ schwedischen Königshof. Um dem abzuhelfen, holte Gustav venezianische Glasbläser ins Land. Glas war damals Ausdruck von größtem Luxus. Wer seinen Gästen den Wein in feinsten Gläsern kredenzte, konnte selbst in blaublütigen Kreisen Eindruck schinden.

Die besten Voraussetzungen für den Bau von Glashütten fanden sich in Småland. Hier hatte man riesige Wälder, in denen das Holz wuchs, mit dem man die Öfen befeuerte. Und hier gab es am Grund der Seen den feinen Quarzsand, den man als Rohstoff zur Glasherstellung benötigt. Zur Zeit der Spitzenproduktion Ende des 19. Jahrhunderts rauchten in der ansonsten bitterarmen Provinz die Schlote von über hundert Glashütten. In Småland waren es aber nicht die Venezianer, die den Einheimischen das Glasblasen beibrachten, sondern, je nach Lesart, Holländer oder Deutsche. Die älteste heute noch aktive Glashütte im Glasreich ist die von Kosta-Boda, wo seit 1742 Glasbläser ihrem Handwerk nachgehen. In Orrefors befindet sich die Riksglasskola, in der Glasbläser und -künstler aus ganz Europa ausgebildet werden. In Växsjö sitzt das schwedische Glasmuseum.

AM ABEND EIN HÜTTENHERING

In den vergangenen Jahren belebte man für Touristen die Tradition des Hyttsill, des „Hüttenherings“, wieder. Einst brutzelten die Glasbläser nach Ende der Arbeit in den noch warmen Öfen ihr Abendessen. Hering gab der Angelegenheit ihren Namen. Heute tischen die Hütten Bergdala, Kosta, Måleräs und Pukeberg abends im Glasofen zubereitete „Schmankerl“ auf. Neben Hering sind es Würstchen, deftige Schweinerippchen, Kartoffeln – und die in Småland beliebte Isterbandkorv, eine Wurst, die zu 70 Prozent aus Getreide und Kartoffelmehl besteht. Die Tradition des Hyttsill ist für Touristen die perfekte Art, eine Tour durch das Glasreich gemütlich zu beenden.

Unterwegs im Glasreich

Auswahl an Hütten
Kosta Glasbruk: Stora vägen 96, 360 52 Kosta, Tel. 0478 345 00, www.kostaboda.se/kosta-glasbruk

Pukebergs Glasbruk: Pukebergarnas väg 34, 382 34 Nybro, Tel. 0481 169 00, http://visitpukeberg.se

Transjö Hytta: 360 52 Kosta, Tel. 0478 507 00, www.transjohytta.com

Glasriket
www.glasriket.se

Glas zaubert das besondere Etwas, auch in der von Glaskünstler Kjell Engman entworfenen Bar im Kosta Boda Art Hotel

Östergötlands län
Kalmar län
Kronobergs län
SMÅLAND
Möre
Västervik
Oskarshamn
Kalmar
Nybro
Karlskrona
Ronneby
Vimmerby
Hultsfred
Borgholm
Färjestaden
Öland
Stora Alvaret
Ölands norra udde
Ölands södra udde
Bödabukten
Kalmarsund
Visby
Gotland
Gotlands län
Fårö
Slite
Ljugarn
Hemse
Burgsvik
Hoburgen
Stora Karlsö
Lilla Karlsö
Lummelundagrottorna
Högklint
Blå Jungfruns nationalpark
Norra Kvills nationalpark
Misterhults naturreservat
Maßstab 1:900.000
0
10km
Maßstab 1:1.000.000
0
10km
1
2
3
4
5
6
7
8
9

URLAUBSPARADIESE AN DER SONNENKÜSTE

Im Osten Smålands ist Schweden so, wie man es sich ausmalt: Riesige Wälder, viele Seen und rote Holzhäuschen, wie Farbtupfer eingestreut, bestimmen die Szenerie. Vor der Küste liegen die beiden Sonneninseln Öland und Gotland.

1 Vimmerby

In Vimmerby (8200 Einw.) wurde die Schriftstellerin Astrid Lindgren (1907–2002) geboren, die den kleinen Ort weltbekannt machte.

SEHENSWERT
Im Erlebnispark **Astrid Lindgrens Värld** (https://astridlindgrensvarld.se; Mitte Mai–Mitte Aug. tgl. 10.00–18.00 Uhr, Vor- und Nachsaison seltener geöffnet) kann man Pippi Langstrumpf und Ronja Räubertochter besuchen und sich den Kattulthof von Michel aus Lönneberga ansehen. Man wandert durch eine Miniaturausgabe von Vimmerby der 1920er-Jahre.

Tipp

Kleine Autofahrer

Im Norden Ölands, in der Gemeinde Löttorp, liegt das Lådbilslandet. Hier können Kinder in motorisierten kleinen Autos, Lkws oder Bussen durch eine Miniaturstadt fahren. Es geht durch Kurven dahin, über Brücken und um Kreisverkehre herum. Sogar einen Kinderführerschein können die jungen Besucher machen. Für Eltern ist der Eintritt frei.

Mitte Juni–Mitte Aug. tgl. 10.00–17.00, an Wochenenden bis 16.00 Uhr; Gaxa Skogsgata 7, 387 71 Löttorp, www.ladbilslandet.se

UMGEBUNG
Der Runkesten nahe **Rumskulla** (30 km westl.) ist der größte bewegliche Findling der Welt. Ganz in der Nähe steht die dickste Eiche Europas, die Rumskullaeken.

INFORMATION
Vimmerby turistbyrå,
Rådhuset, Stora Torget,
598 37 Vimmerby, Tel. 0492 3 10 10,
www.vimmerby.com

2 Glasriket

Als „Glasreich“ bezeichnet man die Landkreise Kosta, Orrefors und Nybro (s. S. 46). Dass Glas früher vor allem hier in Småland produziert wurde, lag am Vorhandensein der notwendigen Ressourcen: Quarzsand vom Grund der Seen als Rohstoff, Holz als Brennstoff und Wasserkraft für die Energieerzeugung. In der armen Region standen zudem ausreichend günstige Arbeitskräfte zur Verfügung.

HOTEL
Das **€€€ Kosta Boda Art Hotel** (Stora vägen 75, 360 52 Kosta, Tel. 0478 3 4830, www.kostabodaarthotel.com) ist ein modernes Designhotel mit kunstvoll gefertigter „Glasbar“. Das Hotel befindet sich mitten im Glasreich; die Glashütte Kosta liegt direkt nebenan.

UMGEBUNG
Fans besuchen in **Nybro** das James-Bond-Museum, das unzählige Memorabilien zum Spion Ihrer Majestät ausstellt (Emmabodavägen 20, www.007museum.com; Mo.–Fr. 11.00–15.00, Sa. 11.00–14.00 Uhr).

INFORMATION
Glasriket turistinformation,
www.glasriket.se

3 Kalmar

Kalmar (70 000 Einw.) gehört zu den ältesten Städten Schwedens. Hier wurde 1397 die Kalmarer Union besiegelt, der Zusammenschluss der damaligen drei nordischen Reiche Dänemark, Norwegen und Schweden.

Sieht aus wie ein Schloss: der Dom zu Kalmar.

SEHENSWERT
Das großartige **Renaissanceschloss** wurde im 16. Jh. auf den Resten einer Königsburg aus dem 13. Jh. errichtet (https://kalmarslott.se; Jan.–März, Dez. Do.–So. 11.00–15.00, April–Mai, Okt. tgl. 10.00–16.00, Juni–Sept. tgl. 10.00 bis 18.00, Nov. Sa., So. 10.00–16.00 Uhr). Es liegt etwas außerhalb direkt am Meer.
Im Zentrum, am Stortorg, erhebt sich der **Dom**, erbaut zwischen 1660 und 1703 nach Plänen des in Stralsund geborenen Architekten Nicodemus Tessin d. Ä. (Mo.–Fr. 8.00–15.30, Sa., So. 9.00–14.00 Uhr). Das **Barockrathaus** (1690) liegt dem Dom gegenüber.

MUSEEN
Im **Länsmuseum** (Skeppsbrogatan 51, www.kalmarlansmuseum.se; Mo.–Fr. 10.00–16.00, Sa., So. 11.00–16.00 Uhr) sind u. a. Gegenstände zu sehen, die man aus dem Wrack der 1676 gesunkenen „Kronan“ geborgen hat. Das Kriegsschiff hatte dreimal so viele Kanonen wie die in Stockholm ausgestellte Wasa. Mehr über Schifffahrt erfährt man im **Seefahrtsmuseum** (Södra Långgatan 81, www.kalmarsjofartsmuseum.se; Mitte Juni–Mitte Sept. tgl. 12.00–16.00 Uhr, sonst nur So.). Das **Kunstmuseum** präsentiert Werke bekannter schwedischer Künstler wie Carl Larsson und Anders Zorn (Stadsparken, www.kalmarkonstmuseum.se; Di.–So., 11.00–16.00 Uhr).

HOTEL
Ein sehr gemütliches, charmantes Haus ist das kleine **€€/€€€ Slottshotell** (Slottsvägen 7, Tel. 0480 8 82 60, https://slottshotellet.se).

UMGEBUNG
Das 8500 Jahre alte Tingby Hus in **Smedby** (10 km westl.) gilt als ältestes Haus Nordeuropas. Eine Rekonstruktion des steinzeitlichen Gebäudes kann besichtigt werden.
Die Kirche von **Hagby** (17 km südl.) ist die größte und besterhaltene der acht schwedischen Rundkirchen. Ihre ältesten Teile stammen aus dem 12. Jh.

INFORMATION
Kalmar turistbyrå,
Ölandskajen 9, 391 32 Kalmar,
Tel. 010 3 57 05 00,
www.kalmar.com

4 Öland

Seit 1972 ist Schwedens zweitgrößte Insel (137 km lang und bis zu 17 km breit) durch eine Brücke mit dem Festland verbunden. Öland ist als Sommerferienort der Königsfamilie bekannt.

SEHENSWERT
Die bekannteste Sehenswürdigkeit der Insel ist die **Schlossruine Borgholm**. Erbaut wurde das Schloss im frühen 16. Jh., 1806 fiel es einem Brand zum Opfer. Die Ruine kann besichtigt werden; im Sommer finden hier Konzerte statt. In der Nähe liegt **Schloss Solliden**, das 1903–1906 nach den Vorstellungen von Königin Victoria erbaut wurde. Hier verbringt die schwedische Königsfamilie ihre Sommerferien (nur der Schlosspark kann besichtigt werden). In **Byxelkrok** kommen zwischen Mitte Juni und Mitte August Fähren aus Oskarshamn an; außerdem legen hier die Ausflugsboote zur Nationalparkinsel **Blå Jungfrun** ab (Fahrten April–Okt.). Bekannt ist der lange Sandstrand von **Böda**.
Auf der windigen Insel Öland klapperten früher überall Windmühlen. Rund 400 davon stehen heute noch. In **Storlinge** reihen sich sieben Windmühlen aneinander, in **Lerkaka** sind es fünf. In **Himmelsberga** kann man ein Freilichtmuseum mit Gehöften aus dem 18. und 19. Jh. besuchen. Der Süden der Insel wird von den Kalkheiden der **Stora Alvaret** beherrscht. Mit ihrem reichen Pflanzenwuchs und dem vielfältigen Vogelleben ziehen sie Naturfreunde an. In **Gettlinge** lohnt eine Schiffssetzung einen kurzen Stopp. In **Eketorp** steht die größte und am besten erhaltene der 16 vorgeschichtlichen Fluchtburgen Ölands. In **Ottenby** an der Südspitze schließt der 42 m hohe Leuchtturm, der „Lange Jan“, die Insel ab (Besteigung möglich, Vogelstation in der Nachbarschaft).

INFORMATION
Träffpunkt Öland 102,
386 33 Färjestaden, Tel. 0485 8 88 00,
www.oland.se

Strand von Gotska Sandö; Ritterspiele bei der Mittelalterwoche in Visby; Schloss Solliden auf Öland, Urlaubsdomizil der Königsfamilie

5 – 9 Gotland

Die größte Insel Schwedens ist zugleich auch die sonnenreichste Region des Landes. Von Mitte Juni bis Anfang August ist sie nahezu ausgebucht. Die Saison ist jedoch kurz. Weil außerdem eine Industrie fehlt, zählt Gotland zu den ärmeren Regionen Schwedens.

VISBY
Die 5 **Hauptstadt Gotlands** zählt 26 000 Einwohner. Ihre Innenstadt hat nach wie vor ein mittelalterliches Gepräge und steht seit 1995 auf der Weltkulturerbeliste der UNESCO. Die größte Sehenswürdigkeit Visbys ist die 3,5 km lange **Stadtmauer TOPZIEL**, die das Zentrum völlig umschließt. Die ältesten Teile wurden zwischen 1250 und 1288 erbaut. Im Abstand von einigen Hundert Metern ist die Mauer durch Wehrtürme verstärkt.
Der **Dom**, im 12. Jh. der Gottesmutter Maria geweiht, ist die einzige noch bestehende mittelalterliche Kirche Visbys. Die Hansekaufleute ließen, kurz nachdem das Gotteshaus fertiggestellt war, eine Zwischendecke einziehen, um den so entstandenen Speicher als Warenlager zu nutzen. Im schlichten Inneren ist Gotlands größter Taufstein (13. Jh.) sehenswert. Hinter dem Dom steigt man hoch zur Anhöhe **Klinten**, von der man einen herrlichen Blick über die Stadt und die Ostsee genießt. Hier oben befand sich einst der Richtplatz der Stadt.
Die vielen Kirchenruinen im Zentrum geben der Stadt ein ganz eigenes Gepräge. Für Touristen sind sie gefragte Fotomotive, im Sommer werden sie gern für Theater- und Musikaufführungen genutzt. Die bekanntesten der vielen Ruinen sind die der **Heilig-Geist-Kirche** (12. Jh., 1611 abgebrannt) und der **St.-Nikolai-Kirche**, einst größte Klosterkirche Schwedens (1230 erbaut, 1525 zerstört). Im Innenhof der Ruine von **St. Hans und St. Per** ist heute ein Sommercafé untergebracht, in dem man Kuchen vor einmaliger Kulisse genießen kann.
Das Landesmuseum **Gotlands Fornsal** ist das meistbesuchte Regionalmuseum Schwedens (Strandgatan 14, Mai–Sept. tgl. 10.00–18.00, sonst 11.00–16.00 Uhr). Im Zentrum des Interesses steht der beeindruckend reiche Goldschatz aus der Wikingerzeit.

RESTAURANTS
€€/€€€ Krakas Krog (Kräklingbo, Tel. 0498 5 30 62; Mitte Juni–Sept. Do.–So. ab 18.00 Uhr) ist laut der schwedischen Gourmetbibel „White Guide“ das beste Restaurant auf der Insel.
€€ Munkkällaren in Visby (Lilla Torggränd 2, Tel. 0498 27 14 00) ist erst Restaurant, dann Nachtclub und Bar in einem historischen Gebäude. Im Sommer sitzt man draußen am Stora Torget.

UMGEBUNG
Ein nettes Ausflugsziel für Familien ist der **Freizeitpark Kneippbyn** (3 km südl.). Im Park steht die „Villa Kunterbunt“, in der Teile der Pippi-Langstrumpf-Filme gedreht wurden. Ganz in der Nähe liegt der **Högklint**. Von dem 45 ssm hohen Felsen genießt man den weiten Blick nach Visby.

INSELRUNDFAHRT
Tofta (20 km südl. von Visby) mit seinem großen Sandstrand und den Dünen ist einer der beliebtesten Badeorte der Insel. In der Nähe

DIE ÄLTESTEN TEILE DER 3,5 KILOMETER LANGEN STADTMAUER VON VISBY WURDEN ZWISCHEN 1250 UND 1288 ERBAUT.

des Ortes liegt Gnisvärd mit bunten Fischerhütten und einer Schiffssetzung. Von **Klintehamn** (1500 Einw.; 34 km südl. von Visby), einem der größeren Orte der Insel, legen die Boote zur Vogelinsel Stora Karlsö ab. Im Russparken weiden in einem Waldgebiet etwa 80 Tiere der gotländischen Pferderasse Russ.

Zu den schönsten Kirchen im Südteil der Insel zählen die von **Hablingbo** (12.–14. Jh.; 60 km südl. von Visby; hier liegt mit dem Gute Vingård zudem eines der beiden gotländischen Weingüter), **Öja** (weitere 20 km südl.; Triumphkruzifix aus dem 13. Jh. und sehenswerte Wandmalereien; der 67 m hohe Turm ist der höchste der hiesigen Landkirchen) und **Vamlingbo** (13. Jh.; bedeutende Wandmalereien).

Auch zwei Museumsbauernhöfe kann man hier besuchen: **Kattlunds Museigård** (im Sommer Sa.–Do. 11.00–17.00 Uhr) und **Bottarve Museigård** (Juni–Aug. tgl. 11.00–17.00 Uhr, Anf. bis Mitte Sept. nur Fr.–So.).

Im äußersten Süden der Insel erstreckt sich das Heidegebiet 6 **Hoburgen** mit dem Hoburgsgubben, einem Kalkfelsen, der einem alten Mann mit roter Nase ähnelt und der wegen seines Aussehens zu einem Wahrzeichen der Insel geworden ist.

An der Ostküste Gotlands liegt der bekannteste Badeort der Insel; 7 **Ljugarn** bietet den Urlaubern einen langen Strand in herrlicher Lage sowie eine hervorragende Infrastruktur mit Hotels, Ferienhäusern, Campingplätzen und Restaurants. In der Nähe des Ortes liegt ein großes Raukargebiet.

Im äußersten Norden der Insel lohnt das Freilichtmuseum von 8 **Bunge** einen Besuch. Hier kann man u. a. drei Bauernhöfe aus dem 17., 18. und 19. Jh. besichtigen (www.bungemuseet.se; Mai–Mitte Juni und Mitte Aug. bis Mitte Sept. Do.–So. 11.00–16.00, Mitte Juni bis Mitte Aug. tgl. 10.00–17.00 Uhr.). In **Fårösund** legen die kostenlosen Fähren zur kleinen vorgelagerten **Insel Fårö** ab. Neben der Dorfkirche mit einer Votivtafel von 1618 und dem Heimatmuseum mit dem benachbarten Bergman-Center (http://bergmancenter.se) lockt dort vor allem eine außergewöhnliche Natur Gäste an: die Raukargebiete am Gamla Hamn, bei Langhammars und Digerhuvud sowie der Suderstrand. Hier verbrachte der 1986 ermordete ehemalige schwedische Ministerpräsident Olof Palme seinen letzten Urlaub. In der Nähe des Fischerorts **Lickershamn** (27 km nördl. von Visby) steht der Rauk Jungfrun; mit einer Höhe von 12 m ist er der größte der bizarr geformten Kalksteinfelsen der Insel.

Weiter entlang der Westküste Richtung Visby, erreicht man die Grotte in 9 **Lummelunda** mit mehr als 100 000 Besuchern im Jahr (www.lummelundagrottan.se; Mai–Sept. tgl. 10.00 bis 15.00, Juni–Aug. 9.00–18.00 Uhr). 11 km nordöstlich von Visby liegt im Landesinneren **Bro** mit einer sehenswerten Landkirche (Taufstein aus dem 12. Jh.).

INFORMATION

Gotlands turistbyrå,
Donners plats 1, 621 25 Visby,
Tel. 0498 20 17 00, www.gotland.com

AB IN DEN WALD!

Spechten gefällt es gut in Norra Kvill. Bei einer Wanderung durch den kleinen Nationalpark im äußersten Norden Smålands höre ich immer wieder, wie sie mit ihrem spitzen Schnabel die Stämme abklopfen. Bis zu zwanzigmal – pro Sekunde wohlgemerkt – hämmern die Zimmerleute des Waldes gegen die Bäume, auf der Suche nach Nahrung, um ihr Revier zu markieren, ein Weibchen anzulocken oder eine Nisthöhle zu bauen.

Bäume gibt es genug für sie in diesem schwedischen Urwald. Obwohl – wer korrekt ist, meidet genau dieses Wort, denn von Menschen ungestört wachsen Kiefern und Fichten hier erst seit 150 Jahren. Einige der ältesten Baumriesen sind gleichwohl schon 350 Jahre alt. Norra Kvill ist aber nicht nur wegen seiner stehenden, sondern auch wegen seiner liegenden Bäume bekannt. Seit das Gebiet 1927 zum Nationalpark ernannt wurde, greift der Mensch nicht mehr ein. Das Altholz wird deswegen zur Wiege neuen Lebens, und entsprechend artenreich ist die Insektenwelt. Seltene Käferarten finden hier einen Rückzugsort.

Seit 150 Jahren darf Moos ungestört auf den Felsblöcken wachsen.

Meine Lieblingsfotomotive sind die für Norra Kvill typischen moosbewachsenen Steinblöcke, die im Gegenlicht des Sommers manchmal aussehen wie riesige grüne Fabelwesen. Wanderwege führen zu den beiden zauberhaften Waldseen. Zu Recht nennt man den mit Seerosen übersäten Stora Idgölen den Zaubersee. Von seinem Ufer aus beginnt der Aufstieg zum höchsten Berg des Nationalparks, dem Idhöjden, auf dessen Gipfel der Wanderer mit einem weiten Ausblick für seine Mühen belohnt wird. Wer jetzt liest, dass der Höhenunterschied zwischen See und Gipfel ganze 45 Höhenmeter ausmacht, sollte sich nicht täuschen: In Norra Kvill geht es beständig auf und ab. Wer hier unterwegs ist, braucht durchaus ein bisschen Kondition.

Den Nationalpark Norra Kvill erreicht man ca. 25 km nordöstlich von Vimmerby, abseits der Straße Richtung Södra Vi.
Im Nationalpark sind zwei Wanderwege mit einer Gesamtstrecke von gut 6 km ausgeschildert. Infos unter www.sverigesnationalparker.se/de/nationalpark-wahlen/norra-kvill-nationalpark

GÖTEBO
LA CAGE
FÖR LITE DRAG PÅ STANS KLUBBAR? VÄLKOMMEN HIT.

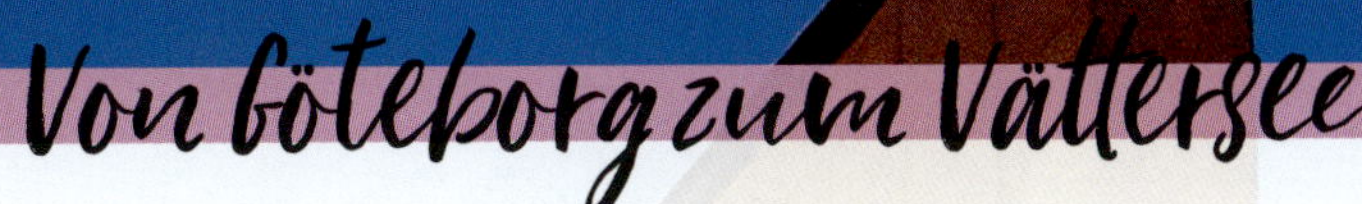

*

STRÄNDE UND STREICHHÖLZER

*

Das weltoffene Göteborg ist die Hauptstadt der Kulinarik, Jönköping die des Glaubens. In Halmstad an der „schwedischen Riviera“ gibt es die längsten Strände, und in Växjö ist man beim Umweltschutz schon seit langer Zeit Vorreiter. Ein Landstrich der Superlative.

Ganz großer Auftritt: Göteborgs Oper gibt nicht nur bei Dunkelheit einen markanten Blickfang am Wasser her.

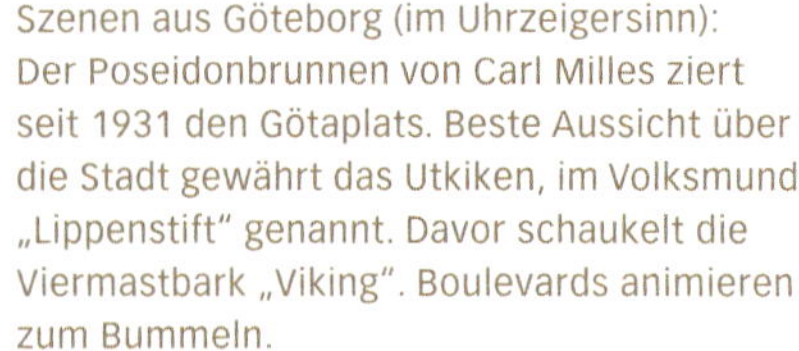

Szenen aus Göteborg (im Uhrzeigersinn): Der Poseidonbrunnen von Carl Milles ziert seit 1931 den Götaplats. Beste Aussicht über die Stadt gewährt das Utkiken, im Volksmund „Lippenstift“ genannt. Davor schaukelt die Viermastbark „Viking“. Boulevards animieren zum Bummeln.

Göteborg ist die zweitgrößte Stadt Schwedens und damit die natürliche Konkurrentin der Hauptstadt Stockholm. Man schaut schon ein wenig neidisch hinüber zur größeren Schwester auf der anderen Seite des Landes. Bedeutende Museen, Theater und eine Oper hat man zwar auch hier, doch was Kulturangebot und Lebensart angeht, kann man es mit der Hauptstadt nicht aufnehmen. Eine alte schwedische Redensart sagt: „In Göteborg schreibt man keine Gedichte; man schreibt Rechnungen."

Dafür ist man in Göteborg bodenständiger – hier hält niemand seine Kaffeetasse mit abgespreiztem kleinem Finger – und weltoffener. Vielleicht kommt das Schnörkellose auch aus der Tradition

DIE GÖTEBORGER NENNEN IHRE STADT MIT STOLZ AUCH »SCHWEDENS TOR ZUR WELT«.

als Hafen- und Industriestadt. Schon die Ostindienfahrer legten von hier aus zu ihren Fahrten ab und brachten nicht nur exotische Waren mit, sondern eine Weltläufigkeit, auf die man in Göteborg bis auf den heutigen Tag stolz ist. Nicht umsonst nennen die Einheimischen ihre Stadt „Schwedens Tor zur Welt". Dazu passt, dass die Poseidonstatue vor dem Kunstmuseum, also der Gott des Meeres, das Wahrzeichen der Stadt ist. Auch nennen die Göteborger ihre Fischmarkthalle *feskekörka* – „Fischkirche" –, was ein wenig den Wert symbolisieren mag, den das Meer für die Einwohner hat.

KULINARISCHER BRENNPUNKT

So mag es nicht überraschen, dass man in Göteborg hervorragende Fischgerichte serviert bekommt. Entsprechend häufig landet die Auszeichnung für das beste schwedische Fischrestaurant ebenfalls dort. Und gleich fünf Restaurants mit

Göteborg: Die Deutsche Kirche (ganz oben) wurde 1623 erbaut und – nach einem Großbrand – 1748 neu errichtet. Nicht nur Kinder lieben den Liseberg-Vergnügungspark (oben). In Boutiquen und Trödelläden stöbern, bummeln, Kaffee trinken – dafür steht Haga, Göteborgs ältester Stadtteil.

Gleich neben der Oper beginnt der Gästehafen Lilla Bommen. Wer hier an einem der hundert Liegeplätze ankert, findet sich sofort mitten in der beliebten Ausgehmeile am Wasser wieder.

DIE BADEORTE UM GÖTEBORG WERBEN ALS »SCHWEDISCHE RIVIERA« FÜR SICH. DIE KÜSTE IST DAS MARKENZEICHEN DES WESTENS.

Michelin-Sternen hat die Stadt zu bieten. Da ist es nur folgerichtig, dass die Metropole des Westens zur kulinarischen Hauptstadt Schwedens gewählt wurde.

LANGE STRÄNDE VOR DER STADT

Die Badeorte im Umkreis von Göteborg werben mit den Namen „schwedische Riviera" oder „Schwedens Badewanne". Während der Zeit zwischen Mittsommer und Anfang August sind die Hotels, Pensionen und Ferienhäuser meist ausgebucht. Auch Halmstad prahlt mit seinem langen Sandstrand. Die Küste ist das Markenzeichen des Westens.

Den meisten Schweden reicht es aber nicht, faul am Strand zu liegen und sich die warme Sommersonne auf den Bauch scheinen zu lassen. Hoch im Kurs steht Segeln; fast jedes Städtchen an der Küste hat seinen eigenen Jachthafen. Auch Kajakfahren ist populär – immer mehr Menschen wagen sich im Seekajak aufs Meer hinaus. So schwer ist das gar nicht, denn das Kattegat zeigt sich hier oft von einer überraschend freundlichen Seite. Wer auf Nummer sicher gehen will, der bucht sich einfach bei einem der Outdooranbieter für eine Tagestour ein. Kanu- und Kajakfahren kann man aber auch im Landesinneren. Die zahlreichen kleinen Seen sind dafür ideale Reviere. Oder man mietet ein Ferienhäuschen und wirft die Angel aus.

Am Südwestufer des Vättersees liegt Habo. Zwischen 1741 und 1743 entstanden die wandfüllenden Malereien in der örtlichen Kirche (ganz oben und oben).
Lagerfeuerromantik am Wasser: Ein dichtes Geflecht von Seen durchzieht Südschweden. Der Vättern, dessen Name auf Altschwedisch schlicht „Wasser“ bedeutet, ist der zweitgrößte See des Landes.

Südlich von Göteborg zeigt sich mitten in den Schären die Insel Stora Amundön als Naturschutzgebiet von besonderem Reiz.

Special

Sjöwall/Wahlöö

Kultkrimis auf Schwedisch

Schwedische Krimiautoren stürmen die deutschen Bestsellerlisten. Henning Mankell, Liza Marklund, Hakån Nesser oder Stieg Larsson – ihre Bücher waren und sind Verkaufsschlager. Den Grundstein für die schwedischen Kriminalgeschichten legte das Autorenduo Sjöwall/Wahlöö.

Fast alle schwedischen Autoren verbinden in ihren Romanen Spannung mit Sozialkritik. Damit folgen sie dem Vorbild des Autoren(ehe)paars Maj Sjöwall (1935–2020) und Per Wahlöö (1926–1975), deren Kommissar Martin Beck zwischen 1965 und 1975 einmal im Jahr einen Kriminalfall lösen musste. Sjöwall und Wahlöö wollten in ihren Büchern nicht nur beschreiben, wie Mörder überführt werden. Sie schauten genau hinter die scheinbar perfekte Fassade des schwedischen Wohlfahrtsstaats und zeigten, dass Schweden nicht nur der Musterstaat war, für den es allenthalben gehalten wurde.

In ihren ersten Romanen, „Die Tote vom Götakanal" und „Der Mann, der sich in Luft auflöste", verabreichte das Autorenduo seine Sozialkritik noch in kleinen Dosen. Doch in den folgenden Büchern wurden die beiden Schriftsteller deutlicher: Nicht das Verbrechen, sondern seine gesellschaftlichen Ursachen standen im Mittelpunkt der Romane. Trotzdem begingen Sjöwall und Wahlöö nie den Fehler, mit erhobenem Zeigefinger auf ihre Leser loszugehen. Letztlich blieben ihre Romane immer vor allem spannende Krimis. Deswegen sind sie auch heute noch lesbar; je nach Gusto kann man sie als Sozialstudien der schwedischen Gesellschaft der 1960er- und 1970er-Jahre oder eben einfach als fesselnde Thriller konsumieren.

Der Band „Endstation für neun", 1968 in Schweden, 1971 in Deutschland erschienen, erhielt übrigens den weltweit renommierten Edgar Allan Poe Award.

ZÜNDHÖLZER UND BIBEL

Am Südufer des Vättern liegt Jönköping. Zu Beginn des 20. Jahrhunderts wurden hier gut 60 Prozent der weltweit verkauften Streichhölzer produziert. Doch diese Zeiten sind vorbei, die Konkurrenz aus Asien ist billiger. Selbst der Allmächtige im Himmel konnte da nicht helfen – obwohl man in Jönköping einen besonders guten Draht nach oben hat. Wegen der vielen Freikirchen wird Jönköping auch „Schwedens Jerusalem" genannt und als Zentrum des „Bibelgürtels" bezeichnet. Das schlägt sich im Wahlverhalten nieder: Die konservativen Kristdemokraterna kommen in Jönköping bei den Reichstagswahlen regelmäßig auf zehn bis fünfzehn Prozent der Stimmen. Im Landesschnitt sind es bestenfalls fünf.

DIE GRÜNSTE STADT SCHWEDENS

Weiter im Süden liegt Växjö, die grünste Stadt Schwedens. Bis 2030 will man hier ganz ohne fossile Brennstoffe auskommen. Schon jetzt stammt mehr als die Hälfte der verbrauchten Energie aus erneuerbaren Quellen. Dies blieb auch der EU nicht verborgen, die Växjö bereits 2007 mit dem „Sustainable Energy Europe Award" auszeichnete. Und 2018 erhielt Växjö als grünste Stadt Europas den „European Green Leaf Award" der Europäischen Kommission.

Die ausgefallensten Unterkünfte

UNGEWÖHNLICH ÜBERNACHTEN

Gute Hotels findet man in Südschweden zuhauf. Auch wer auf der Suche nach einem ausgefallenen und dennoch bequemen Nachtquartier ist, wird fündig. Lesen Sie, wo!

1 Auf Tauchstation (1)

Schlafen unter Wasser, das kann man im Mälarsee vor Västerås. Wenn man sich mit dem Boot dem Utter Inn nähert, dem „Hotel des Otters", muss man sich erst die Augen reiben, bevor man glaubt, was man da sieht. Mitten im See scheint Pippi Langstrumpf in einer winzigen, stilecht rot gestrichenen Schwedenhütte zu wohnen. Das Häuschen ist mit Seilen am Grund festgemacht. Luxus gibt es hier nicht.

Oben im „Erdgeschoss" kann man auf einem Gaskocher das Kaffeewasser erhitzen. Darunter – drei Meter unter der Wasseroberfläche – liegt das Schlafzimmer, durch dessen Fenster einem die Fische eine gute Nacht wünschen. Draußen auf der kleinen Veranda sonnt man sich im Liegestuhl und vergisst ganz schnell den Stress des Alltags.

Buchung über booking.com

2 Auf Tauchstation (2)

Eine luxuriösere Alternative bietet das Ooops Hotell, ein paar Kilometer vom Utter Inn entfernt. Hier wohnt man in einem scheinbar untergehenden Haus. Was von außen beinahe lebensbedrohlich wirkt, bietet drinnen erstaunlichen Komfort.

Buchung über booking.com

3 In luftiger Höh' (1)

Västerås scheint Schwedens Zentrum für skurrile Unterkünfte zu sein. Dort kann man nicht nur auf dem See originell übernachten, sondern auch mitten im Stadtpark. Hoch oben in einer 350 Jahre alten Eiche wurde ein einfaches Baumhaus angebracht. Das Hotell Hackspett erreichen Gäste nur mithilfe eines Bergsteigers, der sie nach oben bringt. Zehn Meter über Grund ist man dann beides: ungestört und doch mittendrin. Die Spaziergänger im Park sind einerseits ganz nah, andererseits aber doch herrlich fern.

Weitere Infos: Turistbyrå Västerås, Tel. 021 39 01 00, www.visitvasteras.se

4 In luftiger Höh' (2)

Bei Anne-Charlotte Ottoson in Ugglum (zwischen Falköping und Skara) kann man luxuriös in drei Baumhäusern übernachten. Die sehen zwar aus wie viele andere Holzhäuschen in Schweden auch, rot mit weißen Fenstern, schweben aber in sechs Metern Höhe zwischen den Ästen einer wuchtigen Eiche. Lediglich aufs Duschen muss man in den komplett ausgestatteten Baumhäusern verzichten. Wie in alten Zeiten steht das Waschwasser in einer Porzellanschüssel bereit.

Tel. 0730 62 33 19, www.islanna.com

5 Im Flieger

Früher flog er hoch über den Wolken, inzwischen aber hat er sich auf sein Altenteil zurückgezogen. Und zwar an einem Ort, der für ein Flugzeug mehr als standesgemäß ist: Der ausrangierte und zu einem Hostel umgebaute Jumbojet steht am Flughafen von Stockholm-Arlanda. Einfache Mehrbettkabinen gibt es ebenso wie eine luxuriöse Suite, die – wie sollte es anders sein? – im ehemaligen Cockpit liegt.

Jumbostay, Jumbovägen 4,
190 47 Stockholm-Arlanda,
Tel. 08 59 36 04 00,
www.jumbostay.com

6 Hinter schwedischen Gardinen …

… will niemand gern wohnen – außer man hält den Schlüssel zur eigenen „Zelle" in den Händen. Auf der Insel Långholmen am Rand der Stockholmer Innenstadt lag bis 1975 Schwedens größtes Gefängnis mit mehr als 500 Zellen. Inzwischen wird der Aufenthalt hier jedoch in Tagen bemessen, nicht in Monaten oder gar Jahren. Und man kann wählen, ob man in einem Drei-Sterne-Hotel oder einem Hostel übernachten will. Dass das Gebäude früher ein Knast war, erkennt man auch heute noch an vielen liebevollen Details. Gerade das macht den besonderen Charme aus.

Långholmsmuren 20,
102 72 Stockholm,
Tel. 08 7 20 85 00,
www.langholmen.com

7 An Bord

Auf hoher See hat früher der 1888 erbaute Dreimaster „Af Chapman" gegen die Wellen gekämpft. Ums Kap Hoorn und ums Kap der Guten Hoffnung ist er gesegelt. Jetzt liegt das Schiff in Stockholm vor Anker und dient dort als Jugendherberge. Mit dem besten Blick, den die Stadt zu bieten hat: direkt gegenüber dem Schloss.

Flaggmansvägen 8,
111 49 Stockholm,
Tel. 08 4 63 22 80,
chapman@stfturist.se,
www.swedishtourist
association.com

8 Im Schloss

Wohnen mit Stil! Das Vinslott Kronovall liegt inmitten eines riesigen Parks, zwischen den Dörfern Tomelilla und Brösarp im Osten von Skåne. Man wohnt in Räumen aus dem späten 19. Jahrhundert, und wer nicht aufpasst, begegnet auf den langen, knarzenden Gängen dem Hausgeist Fräulein von Essen. Weil im ausgezeichneten Restaurant des Hotels regelmäßig Weinproben stattfinden und man sogar eigenen Sekt herstellt, nennt man sich in Kronovall „Weinschloss".

Kronovalls Vinslott,
273 92 Tranås,
Tel. 0417 1 97 10,
http://kronovall.se

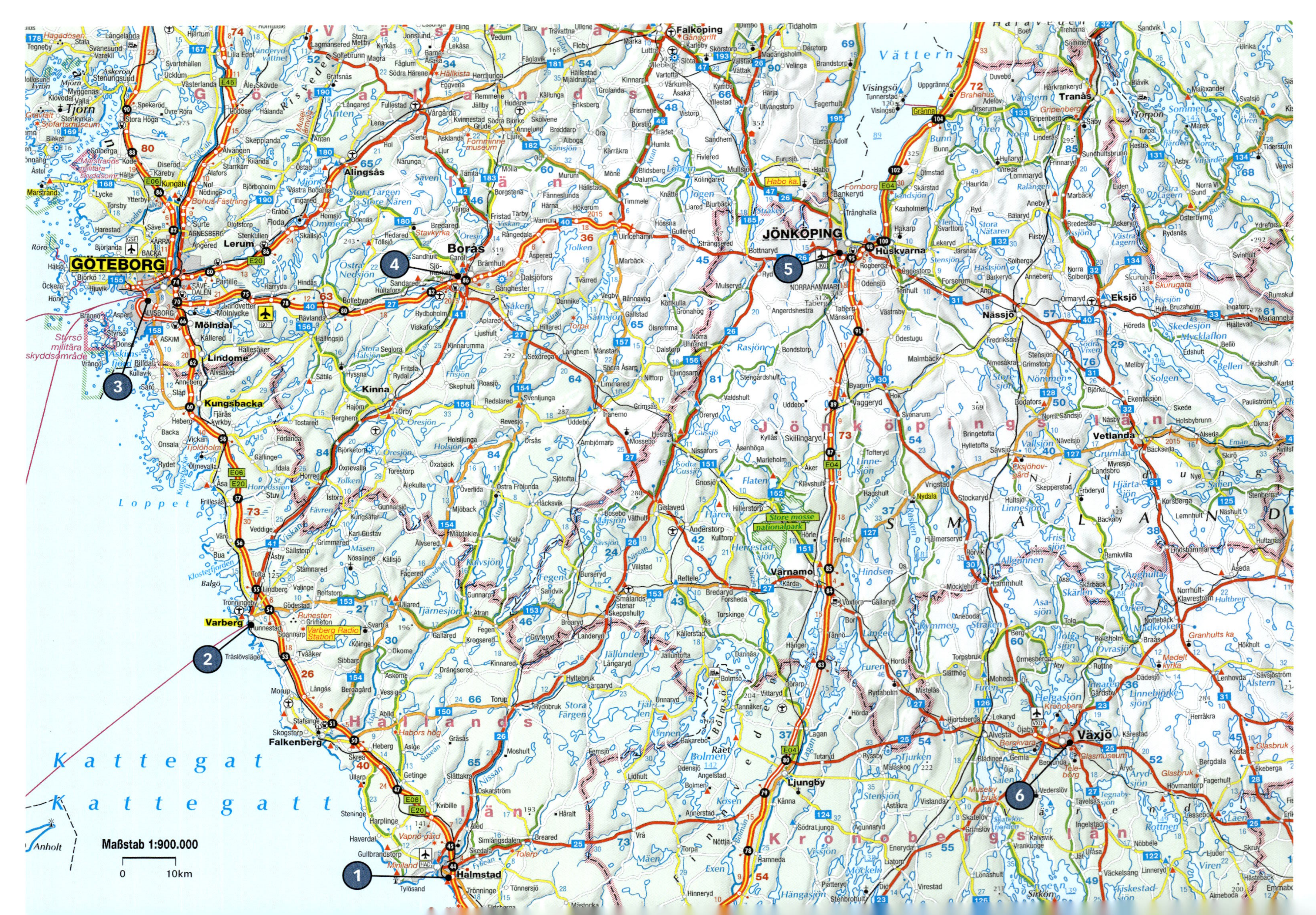

GÖTEBORG
Kungsbacka
Varberg
Falkenberg
Halmstad
Borås
Alingsås
Jönköping
Huskvarna
Värnamo
Ljungby
Växjö
Nässjö
Eksjö
Vetlanda
Tranås
Falköping
Kattegat
Vättern
Maßstab 1:900.000
0
10km

ZWISCHEN MEERESSTRAND UND GROSSEN SEEN

Die Landkarte von Halland, Götaland und Småland weist Tausende kleiner blauer Punkte auf: Seen aller Art und Größe. Wer das Wasser mag, fühlt sich hier pudelwohl. In der Nähe von Göteborg gibt es sogar einen Unterwasserlehrpfad für Schnorchler.

1 Halmstad

Aus Halmstad (104 000 Einw.) stammt die Popgruppe Roxette. Besonders stolz ist man hier auf Schwedens längsten Sandstrand.

SEHENSWERTES
Vor dem **Schloss** (1615) am Nissan, heute Sitz der Provinzregierung (nicht zugänglich), liegt das 1897 vom Stapel gelaufene **Segelschiff Najaden** vor Anker. Die unweit von hier stehende Monumentalskulptur **Der Frauenkopf** nach einem Entwurf von Pablo Picasso stammt von einem norwegischen Künstler. Den Marktplatz ziert der Brunnen **Europa mit dem Stier** vom schwedischen Bildhauer Carl Milles. In **Tylösand**, Vorort von Halmstad, liegt der lange Stadtstrand; noble Villen prägen das „schwedische Saint-Tropez".

Tipp

Auf Schafsafari in Öströö

Bei Bauer Carlsson aus Öströö dreht sich alles um Schafe. Hier kann man zuschauen, wie Hütehunde die Schafe zusammentreiben oder wie die Tiere geschoren werden. Streicheln darf man Schafe und Lämmer sowieso. Vor allem für Kinder ist Öströö einen Ausflug wert. Zum Bauernhof gehört ein Restaurant.

Öströö Vårfarm, Tel. 0340 4 50 36, 432 77 Tvååker, www.ostroofarfarm.com

Varberg ist für das Kallbadhus berühmt, ein orientalisch anmutendes Sauna- und Badeparadies, Tylösand für seinen Strand.

MUSEEN
Das regionale Kunst- und Kunsthandwerksmuseum **Hallands konstmuseum** (Tollsgatan, https://hallandskonstmuseum.se; Di. bis So. 11.00–17.00, Mi. bis 20.00 Uhr) veranstaltet spannende Wechselausstellungen.
Am nördlichen Stadtrand liegt das Freilichtmuseum **Hallandsgård** mit alten Holzhäusern aus der Region (Galgberget; ganzjährig frei zugänglich).

UMGEBUNG
In **Falkenberg** (40 km nördl.) ist die Altstadt beachtenswert. Im Sommer steuern Besucher dort den 8 km langen Sandstrand an.

INFORMATION
Halmstad turistbyrå, Fredsgatan 5, im Sommer: Klammerdammsgatan 4, 302 46 Halmstad, Tel. 035 12 02 00, www.destinationhalmstad.se

2 Varberg

Seit dem 19. Jh. firmiert Varberg (63 000 Einw.) als Kurort. Auch heute ist die Dichte an Wellnesshotels durchaus beeindruckend.

SEHENSWERT
Hauptattraktion ist die **Festung** (13. Jh.) über dem Kattegat, die vom 17. Jh. bis 1931 als Gefängnis genutzt wurde. Heute ist im ältesten Teil das **Hallands kulturhistoriska museum** untergebracht, das historische Museum der Region (www.museumhalland.se; Mai, Juni Di. bis So. 10.00–16.00, Ende Juni–Mitte Aug. tgl. 10.00–17.00, sonst Di.–So 12.00–16.00 Uhr). Bekanntestes Ausstellungsstück ist eine Moorleiche aus dem 14. Jh. Im **Kallbadhus** (www.kallbadhuset.se; Mitte Juni–Mitte Aug. tgl. mind. 10.00–18.00, sonst Mi. 13.00–20.00, Fr. 11.00–17.00, Sa., So. 9.00–17.00, Uhr) mit seiner orientalischen Fassade haben Wasserratten und Saunafreunde ihr Vergnügen.

INFORMATION
Varberg turistbyrå, Västra Vallgatan 39, 432 41 Varberg, Tel. 0340 8 68 00, https://visitvarberg.se

3 Göteborg

Schwedens zweitgrößte Stadt (607 000 Einw.) besitzt den größten Hafen des Landes. Im 18. Jh. fuhren von hier aus die Schiffe der ostindischen Kompanie in alle Welt hinaus. Im 20. Jh. stieg Göteborg zur wichtigsten Industriestadt Schwedens auf, bevor die Werftenkrise in den 1970er-Jahren den Standort schwer traf.

SEHENSWERTES

Im Maritimen Zentrum **Maritiman** (www.maritiman.se, Packhusplatsen 12; Juni–Aug. tgl. 10.00–17.00/18.00, April/Mai, Sept./Okt Sa., So. 11.00–16.00, Nov. Sa., So. 11.00–15.00 Uhr) in der Nähe der Götaälvbron liegen mehrere Museumsschiffe vor Anker (u. a. auch ein U-Boot). Auf der Aussichtsplattform des **Göteborgs Utkiken** erhält man in 86 m Höhe einen Überblick über Stadt und Hafen. Das **Kronhuset** von 1655 (Postgatan 6–8), das älteste erhaltene weltliche Gebäude der Stadt, war einst Zeughaus der Artillerie. Heute beherbergt es eine Konzerthalle, Läden, Handwerksbetriebe, und Restaurants. Das Rathaus am **Gustav Adolfs torg** wurde 1672 von Nicodemus Tessin d. Ä. erbaut. Die Statue in der Platzmitte zeigt den Stadtgründer König Gustav II. Adolf. Entlang der **Kungsportsavenyn**, der Flaniermeile der Stadt, passiert man das Große Theater von 1859 und den **Park der Botanischen Vereinigung** (www.tradgardsforeningen.se; Mai–Sept. tgl. 7.00–20.00, sonst bis 18.00 Uhr) mit Palmenhaus, Rosengarten und Schmetterlingshaus. Am **Götaplatsen** steht der **Poseidonbrunnen** von 1931.
Am Rosenlundskanalen am Rand des Stadtzentrums erreicht man den **Fischmarkt**. Die mehrgieblige Markthalle wird *feskekörka*, **Fischkirche**, genannt.
Der ehemalige Arbeiterstadtteil **Haga**, heute Heimat vieler Künstler und Intellektueller, lädt mit seinen kleinen Häusern zum Flanieren und gemütlichen Einkaufsbummel ein.

MUSEEN

Im **Kunstmuseum** (Götaplatsen, https://goteborgskonstmuseum.se; Di., Do. 11.00–18.00, Mi. 11.00–20.00, Fr.–So.11.00–17.00 Uhr) sind Werke skandinavischer und berühmter europäischer Meister ausgestellt (u. a. Rembrandt, Rubens, van Gogh, Cezanne und Picasso). Das **Seefahrtsmuseum** (Karl-Johansgatan 1–3, www.sjofartsmuseetakvariet.se; Di., Mi. 10.00 bis 18.00, Do. 10.00–20,00, Fr.–So. 10.00–17.00 Uhr) gibt einen Überblick über vier Jahrhunderte schwedische Seefahrergeschichte und widmet sich in einem Aquarium schwerpunktmäßig der Meeresfauna der Ostsee. Das **Stadsmuseum** im Ostindiska huset beherbergt umfassende Sammlungen zur Geschichte Göteborgs und Westschwedens (Norra Hamngatan 12, https://goteborgsstadsmuseum.se; Di.–So. 10.00–17.00, Mi. bis 20.00 Uhr).

AKTIVITÄTEN

An der Brücke am Wallgraben legen die Paddaboote zu Touren ab. Auf der etwa einstündigen **Rundfahrt** mit der „Kröte" (schwedisch *padda*)

lernt man Göteborg vom Wasser aus kennen. An schönen Tagen empfiehlt sich eine Schärenrundfahrt, die auch an der **Inselfestung Nya Älvsborg** (17. Jh.) vorbeiführt. Die Schiffe legen an der Skeppsbron beim Stora Hamnkanalen ab (www.stromma.com/de-se/gothenburg). Ein besonderes Erlebnis ist der Besuch der **Insel Stora Amundön TOPZIEL** (s. S. 67).

HOTEL

Das **€€ Barken Viking** (Lilla Bommens torg 10, Tel. 031 63 58 00, www.dialoghotels.se) bietet auf einem Viermaster Hotelzimmer von klein bis geräumig. Das Deckrestaurant ist im Sommer auch Treffpunkt der Einheimischen.

RESTAURANTS

Der **€€€€ Fiskekrogen** (Lilla torget 1, Tel. 031 10 10 05, www.fiskekrogen.se; So. geschl.) ist das vielleicht beste Fischrestaurant Göteborgs. Die Menüs des Sternelokals **€€€€ Koka** (Tel. 031 7 01 79 79, Viktoriagatan 12, https://restaurangkoka.se; So.–Di. geschl.) schicken Besucher auf eine kulinarische Reise durch Westschweden.

UMGEBUNG

Schloss Tjölöholm (42 km südl.) wurde zu Beginn des 20. Jh. mittelalterlichen Vorbildern nachempfunden. Der Bauherr, ein Göteborger Kaufmann, stattete sein Haus mit allerlei modernen technischen Geräten aus; so kann man heute im Wagenmuseum u. a. den ältesten Staubsauger Schwedens besichtigen (www.tjoloholm.se; nur mit Führungen, Juli–Sept. tgl. 11.00–17.00 Uhr stündl., sonst nur Fr.–So. unterschiedliche Themenführungen, Tickets im Internet buchbar).

Karolinska Gymnasium in Växjö (oben links); Palmenhaus im Park der Botanischen Vereinigung von Göteborg (oben rechts); Schärenfischerskulptur von Svenrobert Lundquist vor Göteborgs „Fischkirche" (links)

INFORMATION

Göteborgs turistbyrå, Kungsportsplatsen 2, 411 09 Göteborg, Tel. 031 3 68 42 00, www.goteborg.com

4 Borås

Die alte Textilstadt Borås (114 000 Einw.) knüpft mit großen Kaufhäusern und mehreren Outletstores an ihre lange Handelstradition an.

SEHENSWERT

Im **Freilichtmuseum** (Ramnaparken, Parkgatan 29, https://borasmuseum.se; Juni–Aug. Di.–So. 12.00–16.00 Uhr) beeindrucken historische Holzhäuser, u. a. eine Kirche vom Ende des 17. Jh. Das **Textilmuseum** zeigt Spinn-, Web- und Zwirnmaschinen (Skaraborgsvägen 3 a, www.textilmuseet.se; im Sommer Di.–So. 12.00 bis 16.00, sonst Di., Mi., Fr. 12.00–17.00, Do. 12.00–19.00, Sa, So. 12.00–16.00 Uhr).

UMGEBUNG

In **Hedared** (17 km nordwestl.) steht die einzige Stabkirche Schwedens.
Schloss Torpa (25 km südl.; 15. Jh.) besitzt eine sehenswerte barocke Kapelle von 1699 (www.torpastenhus.se; Mai–Juni, Sept. Sa., So., Juli tgl., Aug. Mi.–So. 11.00–17.00 Uhr). Die Gårdsbutik (Hofladen) bietet Wildspezialitäten.

INFORMATION

Borås turistbyrå,
Tel. 033 35 70 90, www.boras.com;
Infopoint: Textile Fashion Center,
Skaraborgsvägen 3 A, 506 30 Borås

5 Jönköping

Jönköping (93 500, Großraum 135 000 Einw.) ist als Stadt des Zündholzes bekannt.

MUSEEN

Heute erinnert das **Streichholzmuseum** an die Blütezeit der Stadt (Tändsticksgränd 27, http://matchmuseum.jonkoping.se; Juni–Aug.

Mo.–Fr. 10.00–17.00, Sa., So. 10.00–15.00, Sept. bis Mai Di.–So. 11.00–15.00 Uhr). Das **Provinzmuseum** (Dag Hammarskjölds plats 2, www.jkpglm.se; Di., Do., Fr. 10.00–19.00, Mi. 10.00 bis 21.00, Sa., So. 11.00–15.00, Juni–Aug. Mo. bis Fr. 10.00–17.00, Sa., So. 11.00–15.00 Uhr) ist stolz auf die größte Sammlung von Gemälden des in Schweden populären Malers John Bauer, der 1882 in Jönköping geboren wurde.

UMGEBUNG

Gränna (39 km nördl.) ist Heimat der *polkagrisar*, der langen gestreiften Zuckerstangen. Von hier kommt auch Ballonfahrer S. A. Andree, der 1887 versucht hat, den Nordpol im Fesselballon zu erreichen. Erst 33 Jahre später fand man Überreste der gescheiterten Expedition, heute zu besichtigen im Grenna Museum (Brahegatan 38/40, Grenna Kulturgård, www.grennamuseum.se; Juni–Aug. tgl. 10.00–17.00, sonst Di., Do., Fr. 10.00–16.00, Sa., So. 12.00 bis 16.00 Uhr).
Ein beliebtes Ausflugsziel ist die 14 km lange **Insel Visingö** (Schiff ab Gränna, www.visingso.net/faerjetrafiken) mit prachtvoller Brahekirche aus dem 17. Jh., prähistorischen Gräberfeldern und schönen Badestränden.

INFORMATION

Jönköpings Turistbyrå, Tel. 0771 21 13 00, www.jkpg.com/en

 6 Växjö

Växjö (71 000 Einw.) ist die Hauptstadt von Kronobergs Län. Bis heute zählt die Region zu den ärmsten in Schweden. Im 18. und 19. Jh. suchten daher viele Bewohner als Auswanderer in Amerika und Australien ihr Glück.

SEHENSWERT

Im Stadtzentrum erhebt sich am Stortorg der **Dom** mit zwei auffälligen spitzen Turmhelmen. Erbaut wurde er im 12. Jh., doch von der originalen Ausstattung ist nur wenig erhalten. Nebenan liegt der **Linnépark** mit Kräutergarten und dem Karolinska Gymnasium, in dem einst der berühmte Botaniker Carl von Linné zur Schule ging. Die Geschichte der schwedischen Auswanderung ist im **Haus der Auswanderer** dokumentiert (Vilhelm Mobergs gata 4, www.kulturparkensmaland.se; Juni–Aug. Di. bis So. 10.00–17.00, sonst Di.–Fr. 10.00–17.00, Sa., So. 11.00–16.00 Uhr); es zeichnet gleichzeitig ein Bild der schwedischen Gesellschaft im 18. und 19. Jh.

HOTEL

Die wie ein Zauberschlösschen aussehende **€€€ Villa Gransholm** (Gransholmsvägen 132, Gemla, Tel. 0470 6 76 65, www.villagransholm.se), 15 km von Växjo entfernt, bietet individuell eingerichtete Zimmer und einen ruhigen Park.

INFORMATION

Växjö turistbyrå, Norra Järnvägsgatan 7, 352 30 Växjö. Tel. 0470 4 10 00, https://upplev.vaxjo.se

WANDERN UNTER WASSER

Die Insel Stora Amundön liegt nur 30 Minuten vom Stadtzentrum von Göteborg entfernt und ist mit ihrem Strandbad eines der beliebtesten Sommerausflugsziele der Städter. Vor der Insel kann man auf einem 200 Meter langen Unterwasserlehrpfad in die Welt der Ostsee eintauchen.

Naturlehrpfade gibt es viele; meist führen sie durch Naturschutzgebiete oder Nationalparks. Vor der Insel Stora Amundön hat man im Sommer 2012 Schwedens ersten Unterwasserlehrpfad eröffnet. Zwei bis drei Meter unter der Wasseroberfläche liegen dort zehn Stationen, die der „Wasserwanderer" abschwimmen kann und an denen er in Wort und Bild Informationen zur lokalen Meeresflora und -fauna bekommt. Weil das Wasser vor der Insel zumindest an windstillen Tagen glasklar ist, kann man das theoretisch gewonnene Wissen gleich in der Praxis anwenden und nach Fischen und Schalentieren Ausschau halten. Und die wird man durchaus finden, denn die warme Strömung vor Amundön lockt die Tiere an.

Stille Bucht im Naturpark Stora Amundön

Bojen markieren den Weg. Damit man sich nicht „verschnorchelt", sind die einzelnen Stationen mit Schwimmbojen markiert und mit einer unter Wasser gespannten Leine verbunden. So ist der Unterwasserlehrpfad auch für Kinder und Jugendliche in Begleitung Erwachsener geeignet. Gut schwimmen sollte man allerdings können. Zwar ist an dieser Stelle das Wasser seicht, doch das offene Meer nicht weit. Weil der Schnorchelpfad ein so großer Erfolg ist, hat man weitere Lehrpfade eröffnet, etwa in Rörvik, Ekenäs, Strömstad und Tylösand.

Die **Insel Stora Amundön** liegt unbewohnt in einem Naturschutzgebiet, ist aber über einen Damm leicht zu erreichen. Von Göteborg aus nimmt man die Buslinie 58 und steigt an der Station Brottkärr aus; von dort sind es ca. 10 Minuten zu Fuß.
Infos: www.goteborg.com/en/places/stora-amundon-2
Für den **Unterwasserlehrpfad** benötigt man Schnorchel und Taucherbrille (vor Ort kein Verleih). Kinder dürfen den Pfad nur in Begleitung Erwachsener absolvieren. Nicht bei starkem Wind und nie alleine schnorcheln!

Bohuslän und Dalsland

*

IM ELCH- UND HUMMERLAND

*

Für drei Tierarten schwärmen die Menschen in Westschweden und in der Region um den Vänersee besonders: Austern, Hummer und Elche. Gemeinsam ist ihnen, dass sie ausgezeichnet schmecken. Kraniche sind dagegen nur durchziehende Gäste. Sie bieten im Frühjahr am Hornborgasee südlich des Vänern ein faszinierendes Schauspiel.

Zum Schloss Läckö auf einer Insel im Vänersee führt auch eine Brücke, aber spannender ist es mit dem Kanu.

Das Städtchen Skärhamn liegt auf Tjörn, Schwedens viertgrößter Insel. Ringsum breitet sich eine Schärenlandschaft von besonderer Schönheit aus.

Lysekil zeigt viele Seiten: Hafen und Ölraffinerie stehen für Industrie, noble Villen an der Strandpromenade zeugen von einer Vergangenheit als Seebad, die kleinen Häuschen in der Altstadt erinnern daran, dass hier einst überwiegend Fischer lebten.

Hauptattraktion von Lysekil ist das Meeresaquarium.

Über den blank polierten Fels auf der Insel Tjörn spazierend, kann man die Küstenlandschaft, Himmel, Meer und das ständig wechselnde Licht am besten aufnehmen.

Special

Weltkulturerbe Tanum

Felsritzungen der Bronzezeit

Jagdzauber, religiöse Motive oder Freude an der Kunst? Die Forschung ist sich uneins.

„Das Brautpaar“ heißt die bekannteste Felsritzung aus der Bronzezeit (1800–400 v. Chr.) in der Nähe der Gemeinde Tanum.

An mehreren Fundstellen in der Gemeinde Tanum hat man Tausende Felsritzungen von geheimnisvoller Schönheit entdeckt. Sie zeigen meist Menschen, Tiere und Schiffe. Alle Ritzungen sind mit roter Farbe ausgemalt und noch heute deutlich zu erkennen. Ob sie bereits in der Bronzezeit ausgemalt waren, weiß man nicht. Auch über die Bedeutung der Kunstwerke kann man nur spekulieren. „Fruchtbarkeitssymbolik“ oder „Motive einer vorchristlichen Religion“ sind zwei Interpretationen, die uns die Wissenschaftler an die Hand geben. So bieten die zum UNESCO-Weltkulturerbe zählenden Felsritzungen der Fantasie viel Spielraum.

Die schwedische Westküste ist ein Paradies für Wasserratten. Die Inselwelt vor der Küste von Bohuslän zählt zu den besten Segelrevieren des Landes. Also, Segel setzen und hinaus aus dem Hafen zu Erkundungstouren durch die Inselwelt. Um auf die beiden größten Inseln der Westküste zu gelangen, benötigt man allerdings schon lange kein Boot mehr. Tjörn und Orust sind durch Brücken mit dem Festland verbunden, ihre Häfen perfekte Ausgangspunkte für Segeltouren in der Nordsee.

KALTE WASSERFREUDEN

Allein die Strände machen die Region zum perfekten Sommerurlaubsziel. Für einen Sprung ins Wasser muss man jedoch schon etwas abgehärtet sein – wärmer als 20 Grad Celsius wird das Wasser auch in heißen Sommern nicht. Genau solche Temperaturen brauchen Hummer und Austern, um zu Delikatessen zu werden. Wenn es kalt ist, wachsen sie langsamer – das ist gut für den Geschmack. Besonders an der Küste nördlich von Göteborg fühlen sie sich wohl. Der kleine Ort Grebbestad hat sich den Ruf einer Austern- und Hummermetropole erworben. Hier versteht man es, die kulinarischen Spezialitäten so richtig zu zelebrieren und widmet ihnen das ein oder andere Fest.

Die bunten Fischerhütten am Hafen sind das Markenzeichen von Smögen (ganz oben). Ähnlich hoch rangiert Fjällbacka in der Gunst der Besucher.

Jedes Gasthaus, jedes Restaurant der Gegend bietet Köstlichkeiten aus dem Meer.

Möwengeschrei, Glucksen der Boote, Hafengeruch, die Beine ausstrecken, an einem kühlen Getränk nippen – ein langer Sommernachmittag in Fjällbacka.

Jedes Jahr im Frühling tragen die besten Austernöffner des Nordens in Grebbestad ihre Meisterschaft aus. Dreißig Austern müssen sie möglichst schnell öffnen und zum Verzehr anrichten. Beschädigungen der Schale werden mit Punktabzügen geahndet. Wer entsprechende Ambitionen hat: Everts Sjöbod, ein Restaurant in den Schären, bietet einen Kurs im Austernöffnen an.

Eine schwedische Auster kostet umgerechnet etwa fünf Euro, in Restaurants noch wesentlich mehr. Wer sparen will, kann auch Zuchtaustern aus Irland, Holland oder Frankreich wählen, die aber bei Weitem nicht so gut schmecken.

AM SÜDUFER DES VÄNERSEES KOMMEN ELCHE SO HÄUFIG VOR, DASS MAN IHNEN DORT EIN MUSEUM GEWIDMET HAT.

Im Herbst steht die Westküste im Zeichen des Hummers. Am ersten Montag nach dem 20. September wird hier die Hummerpremiere gefeiert. Jedes Restaurant, das auf sich hält, hat dann Hummer im Angebot. Zur Hummersaison braut die örtliche Brauerei sogar ein eigenes Bier.

AUF DER SPUR DER ELCHE

Safaris ganz anderer Art kann man in der Gegend um den Halle- und den Hunneberg am Südufer des Vänersees unternehmen. In den Monaten Juli und August bietet man dort „Elchspotting“ an, also besondere Fotosafaris. Die Chancen für gelungene Bilder stehen gut. Elche kommen hier so häufig vor, dass man ihnen ein eigenes Museum gewidmet hat; im Kungajaktmuseet Älgens Berg stehen sie im Mittelpunkt. Seit den Tagen von Gustav Wasa haben die schwedischen Könige im Gebiet um den Vänern gejagt. Lange war die Jagd deswegen für das einfache Volk verboten – das hat dem Elchbestand offenbar gut getan.

Im Morgenlicht landen die Fischerihren Fang in Fjällbacka an.

Abgehoben: Baumhaus bei Falköping (ganz oben). Konzentrierte Arbeit an der Schleuse …

… erleichtert am Dalslandkanal den Kajakfahrern das Vorankommen. Hier bei Håverud wird der Kanal von einer Schiffsbrücke überspannt.

Erstaunliche Landmarke: das Picasso-Denkmal an der Einfahrt zum Sporthafen von Kristinehamn. Es ist übrigens ein Original, das der Künstler höchstpersönlich der Stadt 1964 schenkte.

Nur noch an wenigen Tagen im Jahr donnert Trollhättans Wasserfall in alter Pracht dreißig Meter in die Tiefe. Den größten Teil des Jahres wird das Wasser in Druckstollen umgeleitet, wo es Turbinen antreibt.

RIESE MIT KUSCHELOHREN

Warum lieben die Deutschen die Elche so? Liegt es an den großen Kuschelohren oder der weichen Schnauze, die der Elch scheinbar ständig kussbereit in den Wind hält? Dabei dienen Ohren wie Mund eigentlich einem ganz anderen Zweck als dem, niedlich auszuschauen. Als Waldtier ist der Elch auf sein Gehör und damit auf große Lauscher angewiesen. Und mit der „Muffel", wie der Fachmann die Schnauze bezeichnet, schält er die Rinde vom Baum. Für die Schweden freilich ist der Elch eine ganz normale Hirschart, deren einzige Besonderheit ihre Größe ist: Elchbullen können bis zu 500 Kilogramm schwer und bis zu 2,20 Metern groß werden.

Während die Schweden die meiste Zeit des Jahres über die Elchbegeisterung der Deutschen nur milde lächeln, verwandeln sie sich im Oktober selbst in Elchverrückte. Dann beginnt die Jagdsaison, und viele schwedische Männer verschwinden im Wald. Die Elchjagd ist das wichtigste Ereignis des Jahres, das selbst der König niemals verpasst. Jeder passionierte Jäger, der es einrichten kann, nimmt sich zu dieser Zeit Urlaub und geht mit dem Gewehr in der Hand auf die Pirsch. Um die 80 000 Tiere werden pro Saison geschossen, ohne dass sich dadurch ihr Gesamtbestand verringert.

SEE DER KRANICHE

Der Vänern ist Schwedens größter See. Nur ein paar Kilometer weiter im Süden liegt der kleine Hornborgasjö. Den kennt eigentlich nur, wer sich für Vögel und besonders für Kraniche interessiert, denn hier bietet sich jedes Frühjahr ein ganz besonderes Naturschauspiel: Tausende von Kranichen machen Rast und stärken sich, bevor sie zu ihren Brutplätzen im Norden weiterfliegen.

Dass sich die Vögel an dem See so wohl fühlen, haben sie indirekt dem Menschen zu verdanken. Seit Anfang des 19. Jahrhunderts versuchte man den Hornborgasjö trockenzulegen, um mehr Ackerfläche zu gewinnen. Gelungen ist das nicht wirklich; bei den Frühjahrsfluten liefen die Trockenflächen immer wieder mit Wasser voll. Dort Felder anzulegen war schlichtweg unmöglich, und so versumpfte und verwilderte das Gebiet. In den 1980er-Jahren beschloss man die Renaturierung und hob den Wasserspiegel wieder an. Heute ist das Wasser an der tiefsten Stelle nicht einmal einen Meter tief, genau das aber ist für die Kraniche ideal. Im Frühjahr sind mehr Zuschauer als Akteure am See: Über 30 000 Kraniche werden von 150 000 Menschen beobachtet.

DEN ALLTAG VERGESSEN

Obwohl in Schweden die Natur eine große Rolle spielt, haben Bohuslän, Dalsland und Västergötland mehr zu bieten als „nur" Fauna. Es sind die Menschen, die die Region geprägt haben und die Reise in den Westen Schwedens zu einem besonderen Erlebnis machen. Sei es das Lächeln einer Kellnerin, der trockene Witz eines Fischers oder das nette Wort eines Rentners, der dem Fremden den Weg weist – die entspannte Freundlichkeit der Einheimischen lässt den Touristen schnell den Alltagsstress vergessen.

EIN UNVERGESSLICHER ANBLICK: AM HORNBORGASEE MACHEN JÄHRLICH TAUSENDE VON KRANICHEN RAST.

Umweltschutz am Vänersee

SCHWEDENS GRÖSSTE BADEWANNE

Schweden erklärte 1909 als erstes Land in Europa neun Gebiete zu Nationalparks. Heute zählt man dreißig Nationalparks. 2010 hat die UNESCO den Vänersee als besonders schutzwürdig eingestuft.

Der Vänersee ist der größte See Schwedens und nach dem Ladoga- und dem Onegasee der drittgrößte natürliche See Europas. Seine Uferlinie ist rund 2000 Kilometer lang, die größte Tiefe beträgt 106 Meter, und etwa 22 000 Inseln verteilen sich auf der 5519 Quadratkilometer großen Wasserfläche. Wer am Ufer steht, hat an vielen Orten den Eindruck, er würde auf ein Meer hinausschauen – und während der letzten Eiszeit war der Vänern tatsächlich noch ein solches. Erst als sich die Gletscher zurückzogen und das Eis abschmolz, hob sich das Land. Aus der Meeresbucht wurde ein See.

Freizeitvergnügen auf dem Vänersee für jeden Geschmack, sei es mit dem Boot oder mit einem am Lagerfeuer gekochten Pilzgericht.

DER ZORNIGE RIESE

Die Legende weiß freilich eine andere Geschichte zu erzählen. Ihr zufolge hat ein zorniger Riese den Vänern und den Vättern, die beiden größten schwedischen Seen, geschaffen. Der Riese wollte mit einem Pflug sein Feld bestellen. Dabei muss er sich ziemlich tolpatschig angestellt haben, bekam er doch keine einzige Furche hin. Wutentbrannt riss er schließlich zwei riesige Erdstücke aus dem Boden und schleuderte sie weit weg in Richtung der Ostsee. Die Löcher, die so entstanden, füllten sich – sehr zur Freude heutiger Touristen – allmählich mit Wasser und bildeten den Vänern und den Vättern, während aus den Erdbrocken die beiden größten schwedischen Inseln, Öland und Gotland, entstanden.

Berühmtes Naturidyll ist der Kinnekulle-Nationalpark (links). Die Schafe übernehmen die Landschaftspflege.

AUSZEIT AM VÄNERN

Der Vänern gehört zu den beliebtesten Urlaubszielen im Landesinnern. Die Menschen kommen hierher, um zu baden, zu segeln oder Kanu zu fahren. Sie besuchen Sehenswürdigkeiten wie Schloss Läckö, gehen am Halle- und am Hunneberg auf Elchsafari, besteigen den Berg Kinnekulle und umrunden auf einem langen Fahrradweg den See.

NATIONALPARK IM SEE

Wie überall, wo der Mensch die Natur für seine Zwecke nutzen will, stellt sich aber auch am Vänern die Frage,

ALS SICH DIE GLETSCHER ZURÜCKZOGEN UND DAS EIS ABSCHMOLZ, HOB SICH DAS LAND. AUS DER MEERESBUCHT WURDE DER VÄNERSEE.

Einfache Ferienhütten sind oft die einzigen Domizile fern der Zivilisation (rechts). Auf Torsö, der größten Insel im See, wachsen unter anderem Schmalblättrige Weidenröschen (unten).

wie man wirtschaftliche und touristische Nutzung auf der einen mit Umweltschutz auf der anderen Seite verbinden kann. Im europäischen Vergleich zählen die Schweden zu den Vorreitern in Sachen Natur- und Umweltschutz. 1,4 Prozent der Landesfläche sind als Nationalpark ausgewiesen. Zählt man die über 3000 Naturschutzgebiete hinzu, stehen beachtenswerte zwölf Prozent der gesamten Landesfläche unter besonderem Schutz.

WIE EINE MEERESINSEL

Auch das Schärengebiet rund um die Insel Djurö mitten im Vänern ist seit 1991 Nationalpark, der die reiche Vogelwelt schützen soll. Wenn von April bis Juli Fischadler, Baumfalken, Austernfischer oder Mantelmöwen brüten und ihre Jungen aufziehen, darf man große Teile des Archipels nicht betreten. Djurö und seine Nachbarinsel wirken, als würden sie nicht in einem See, sondern mitten in der Ost- oder Nordsee liegen. Die kahlen Klippen und weiten Felsstrände kennt man so eigentlich nur von Meeresinseln. Auch das macht den Vänern und Djurö zu etwas Besonderem.

UMWELT UND TOURISMUS

Das ist der UNESCO nicht verborgen geblieben. Im Juni 2010 hat sie den Vänersee als besonders schutzwürdig eingestuft und zusammen mit seinem Schärengarten und dem Berg Kinnekulle am Ostufer zum Biosphärenreservat ernannt.

Im Unterschied zum Nationalpark sind in einem Biosphärenreservat neben dem Naturschutz auch die „wirtschaftliche und gesellschaftliche Entwicklung“ von Interesse. Das heißt, es müssen Möglichkeiten gefunden werden, wie man die Natur schützen kann, ohne die wirtschaftliche Entwicklung einer Region zu behindern. Mehr noch: Umweltschutz soll sich finanziell lohnen. Im Falle des Vänersees erfolgt beispielsweise der Holzeinschlag am Ufer mit nur minimaler Beeinträchtigung der Natur. Im touristischen Sektor werden Anbieter unterstützt, die ökologisch nachhaltige Angebote machen. In einem ersten Schritt haben sich so mehr als zwanzig Unternehmen aus der Tourismusbranche zu einem „Ökonetzwerk“ zusammengeschlossen.

Im und um den Vänersee

Nationalparks in Schweden
www.sverigesnationalparker.se

Insel Djurö
Keine Fähre, nur mit (eigenem) Boot erreichbar.

Tourismusinfo
www.vastsverige.com/de

Einst war der Vänersee eine Meeresbucht. Das Gefühl von Weite vermittelt er heute noch. 35 Fischarten kommen hier vor und so mancher angelt sich seinen Lachs, Zander oder Hecht selbst.

Karlstad
Kristinehamn
Karlskoga
Örebro
Kumla
Skoghall
Säffle
Åmål
Sarpsborg
Fredrikstad
Halden
Uddevalla
Trollhättan
Vänersborg
Lidköping
Skara
Skövde
Mariestad
Falköping
Motala
Tranås
Värmlands-näs
Dalbosjön
Vänern
Djurö skärgård
Djurö nationalpark
Kinnekulle
Läckö
Orust
Tjörn
Smögen
Hållristningar
Sjöfartsmuseum
1
2
3
4
5
6
7
8
Maßstab 1:900.000
0
10km

FERIENLAND AM WASSER

Das Meer und Schwedens größter See, der Vänern, prägen das Gesicht der Region. Alle größeren Städte und Touristenorte liegen wassernah. Freizeitkapitäne sind auf dem Meer unterwegs oder tuckern durch den Göta- oder den Dalslandkanal.

1 Skärhamn

Skärhamn (3500 Einw.) ist der größte Ort der Inseln Tjörn und Orust. Da die großen Eilande unmittelbar vor dem Festland liegen und durch Brücken damit verbunden sind, nimmt man den Inselcharakter als Autofahrer wenig wahr.

SEHENSWERT
Die Natur mit tief eingeschnittenen Fjorden und vorgelagerten **Schären** gehört zum Schönsten, was die spektakuläre schwedische Westküste zu bieten hat. In Skärhamn kann man das **Nordiska Akvarellmuseum** mit Museumscafé direkt am Wasser besuchen (www.akvarellmuseet.org; Juni–Sept. tgl. 11.00 bis 17.00, sonst Di.–So. 11.00–16.00 Uhr).

AKTIV
Im August findet hier Tjörn Runt statt, Schwedens größte **Segelregatta**, die einmal rund um Tjörn führt (www.stss.se).

UMGEBUNG
Die autofreie **Insel Marstrand** ist der Urlaubsort der Reichen. Früher dümpelten hier die Fischerboote im Hafen, heute sind es die großen Jachten der schwedischen High Society. Überragt wird der Ort von der Festung Carlsten, die 1860 nach 200-jähriger Bauzeit fertiggestellt wurde.

INFORMATION
Tjörns turistbyrå, Kroksdalsvägen 1, 471 80 Skärhamn, Tel. 0304 60 10 16, www.tjorn.se

Tipp

Kriminalistischer Stadtspaziergang

Fjällbacka ist durch die Krimis der 1974 hier geborenen Camilla Läckberg auch international bekannt geworden. Ihre in dem kleinen Ort spielende Reihe umfasst mittlerweile 11 Bände. Die **Murder Mystery Tour** bringt den Teilnehmern die Autorin und ihren Geburtsort näher (ganzjährig, englisch, Vorausbuchung bei der Touristinformation).

2 Smögen

Malerische bunte Holzhäuser am Hafen – so wie Smögen (1300 Einw.) stellt man sich einen typischen schwedischen Küstenort vor. Da dies jedoch viele Touristen anlockt, ist Smögen im Sommer – eigentlich ganz untypisch für Schweden – sehr überlaufen.

SEHENSWERT
Boutiquen, Cafés, Eisbuden und Restaurants findet man in reicher Auswahl. Mit dem **Strög**, einer 100 m langen Fußgängerzone auf Holzplanken über dem Wasser, hat man ein Shoppingparadies am Meer geschaffen.

UMGEBUNG
Lysekil (50 km südöstl.) an der schwedischen Westküste zeichnet sich durch seine prachtvollen Holzvillen und das Havets Hus aus, das größte Meerwasseraquarium des Landes. Highlight ist der Glastunnel, durch den die Besucher unter den Fischen spazieren können (Strandvägen 9, www.havetshus.se; Mitte Juni–Mitte Aug. tgl. 10.00–18.00, sonst 10.00–16.00 Uhr).

INFORMATION
Sotenäs turistbyrå, Hamngatan 25, im Hafenkontor von Kungshamn (nur im Sommer), Tel. 0523 66 55 50, www.vastsverige.com/sotenas

3 Fjällbacka

Für viele Schweden ist der kleine Ort Fjällbacka (850 Einw.) der Inbegriff von Sommerurlaub und Ferien am Meer.

SEHENSWERT
Das **Ingrid-Bergman-Denkmal** in der Ortsmitte erinnert an die in Stockholm geborene Schauspielerin (1915–1982), die hier auf der Insel Dannholmen ein Ferienhaus hatte.

UMGEBUNG
In der Austernhauptstadt **Grebbestad** (13 km nördl.) bieten die zahlreichen Restaurants Schalentiere aller Art an. Hier kann man an Austernsafaris teilnehmen, Anfang Mai bei der Meisterschaft im Austernöffnen mitfiebern oder eine Austernakademie besuchen. Im Herbst steht der Hummer im Mittelpunkt.
In **Tanum** **TOPZIEL** (16 km nördl.) sind Felsritzungen aus der Bronzezeit zu besichtigen, die zum Weltkulturerbe der UNESCO zählen (s. S. 71).

RESTAURANTS
Direkt am Hafen von Grebbestad gelegen, bietet **€€ Q skär** (Grebbestadbryggan, Tel. 0525 6 17 18, www.qskar.se) besten Meerblick und frische Fischgerichte.
Das **€€ Restaurang Telegrafen** (Nedre Långgatan 28, Tel. 0525 1 01 67, www.telegrafen.info; So., Mo. geschl.) liegt im Herzen von Grebbestad. Das einfach und geschmackvoll eingerichtete Restaurant serviert vor allem Fischgerichte.

INFORMATION
Fjällbacka turistbyrå, Tel. 0730 20 62 78, www.fjallbackainfo.se

Blick auf Lysekil und seine Kirche (ganz oben); Abendstimmung über Fjällbacka, dem Vorzeigeort an der Westküste

4 Bengtsfors

Bengtsfors (3100 Einw.) ist das touristische Zentrum der dünn besiedelten Provinz Dalsland und bietet sich als Standort für einen Urlaubsaufenthalt an.

SEHENSWERT
Im **Freilichtmuseum Gammelgården**, dem größten seiner Art in Westschweden, sind mehr als 20 Bauernhäuser aus der Region ausgestellt (www.gammelgarden.com; Mai–Sept.). Am **Aquädukt von Håverud** kann man beobachten, wie Boote auf einer Schiffsbrücke eine Stromschnelle queren und dabei unter einer Straßenbrücke hindurchgleiten.

AKTIV
In dieser Region wurde Mitte des 19. Jh. der 254 km lange **Dalslandkanal** eröffnet, der eine Reihe von Seen verbindet. Lange Zeit stellte der Kanal eine wichtige Verkehrsverbindung für Frachtschiffe dar, die darauf die Erzeugnisse der dalsländischen Eisenwerke und Sägemühlen zum Meer beförderten. Heute wird er ausschließlich touristisch genutzt.

INFORMATION
Bengtsfors turistbyrå, Tingshustorget 5 (im Gebäude der Stadtbibliothek), 666 31 Bengtsfors, Tel. 0531 52 63 55, www.vastsverige.com/bengtsfors

5 Karlstad

Die Stadt (97 500 Einw.) am nördlichen Ende des Vänersees ist die Hauptstadt der Provinz Värmland.

SEHENSWERT
Das **Friedensmonument** am großen Marktplatz erinnert an die Auflösung der Union mit Norwegen 1905; in Karlstad ist der entsprechende Vertrag zwischen den beiden Ländern unterzeichnet worden.

UMGEBUNG
In **Kristinehamn** (40 km östl.) verdient eine 15 m hohe Picasso-Skulptur am Ufer des Vänersees Beachtung (frei zugänglich), in **Karlskoga** (65 km östl.) das Sommerhaus des Chemikers Alfred Nobel (Björkbornsvägen 10, https://nobelkarlskoga.se; Juni–Aug. Di.–So. 11.00 bis 16.00 Uhr).

INFORMATION
Karlstads-Hammarö turistbyrå, Tel. 054 54 00 00, https://visitvarmland.com/karlstad

6 Lidköping

Lidköping (40 000 Einw.) ist heute eine wichtige Industriestadt. Ein Stadtbrand zerstörte Mitte des 19. Jh. die meisten Gebäude, sodass von der mittelalterlichen Bausubstanz kaum etwas erhalten geblieben ist.

Sonnenuntergang über einem der vielen Seen bei Bengtsfors (oben); Schloss Läckö auf der Insel Kållandsö (rechts oben); Naturidyll im Kinnekulle-Nationalpark (rechts)

SEHENSWERT
Das alte **Rathaus** am Marktplatz ist ein ehemaliges Jagdschloss, das als eines von wenigen Gebäuden den großen Stadtbrand überstanden hatte, dann jedoch 1960 abbrannte. Das Gebäude, das man heute sieht, ist ein originalgetreuer Wiederaufbau.

UMGEBUNG
Schloss Läckö (25 km nördl.) liegt auf einer durch eine Brücke mit dem Festland verbundenen Insel im Vänersee. Die ältesten Teile des Gebäudes stammen aus dem 13. Jh., als der Bischof von Skara hier seine Residenz errichten ließ. Im 19. Jh. verfiel das Schloss zusehends. Erst durch umfangreiche Renovierungsarbeiten zwischen 1925 und 1935 konnte es gerettet werden.
In der Kirche von **Husaby** (17 km östl.) liegen Olof Skötkonung (gest. um 1020), der erste christliche König des Sveareichs, und seine Gemahlin Königin Estrid begraben. In der Nähe entspringt die Quelle, in der Olaf 1008 getauft worden sein soll. Unmittelbar am Seeufer erhebt sich der 306 m hohe Berg **Kinnekulle** **TOPZIEL**, von dessen Gipfel aus man einen weiten Blick über den Vänern und den Kinnekulle-Nationalpark genießt (s. S. 76).

INFORMATION
Lidköping turistbyrå, Rådhuset, Nya Stadens torg, 531 31 Lidköping (nur im Sommer), Tel. 0510 2 00 20, www.vastsverige.com/lackokinnekulle

7 Skara

Um das Jahr 1050 wurde die Siedlung Skara (18 500 Einw.) zum ersten Bischofssitz. Kirchen und Klöster entstanden. Erst die Reformation brachte den Aufstieg Skaras zum Stillstand. Alle katholischen Besitzungen wurden enteignet, Kirchen und Klöster verfielen.

SEHENSWERT
Im Herzen der Stadt liegt der **Dom** (12. Jh.); aus der Entstehungszeit blieb lediglich die Krypta erhalten. Hier liegt Adalgard, der erste schwedische Bischof, begraben. Im 19. Jh. wurde der Dom im hochgotischen Stil umgebaut. Größte Sehenswürdigkeit sind jedoch die farbigen Glasmosaikfenster von Bo Beskow aus den 1940er-Jahren. Rund um den Dom verteilen sich einige beachtenswerte Gebäude: südlich die **Kathedralschule** (1871 nach Plänen von Helgo Zettervall erbaut), nördlich die alte **Stiftsbibliothek** (1857), in der Handschriften aus dem 12. Jh. aufbewahrt werden, und im Westen das Rathaus. Auf dem Platz vor dem Rathaus steht der 1939 von Nils Sjögren geschaffene **Chronikbrunnen**, der die Geschichte der Stadt erzählt.

HOTEL
Das jeweils 30 km von Skara und Falköping entfernte **€€€ Bjertorp slott** (Kvänum, www.bjertorpslott.se, Tel. 0512 30 05 00), wurde schon zum „Best Historic Countryside Hotel of Europe" gewählt.

AM AQUÄDUKT VON HÅVERUD QUEREN BOOTE AUF EINER SCHIFFSBRÜCKE EINE STROMSCHNELLE UND GLEITEN DABEI UNTER EINER STRASSENBRÜCKE HINDURCH.

UMGEBUNG
Im 12. Jh. siedelten sich in **Varnhem** (14 km östl.) Zisterziensermönche an. Vom Kloster sind nur Ruinen geblieben. Die Kirche ließ der ehemalige Schlossherr von Läckö, Magnus Gabriel De la Gardie, im 17. Jh. auf eigene Kosten instand setzen. Sein Grab findet sich ebenso in der Kirche wie das von Birger Jarl (gest. 1266), dem Stammvater der Folkunger Könige.
Ornithologen zieht es zum **Hornborgasee** (12 km südl.), an dem im April Tausende von Kranichen rasten (s. rechts).
In **Falköping** (30 km südl.) lohnt die St.-Olofs-Kirche (12. Jh.) den Besuch. Südlich der Stadt kann man in Luttra und Karleby vorgeschichtliche Ganggräber bestaunen.

INFORMATION
Skara turistbyrå, im Stadshus,
Södra kyrkogatan 2,
532 39 Skara, Tel. 0511 3 20 00,
www.vastsverige.com/skara

8 Trollhättan

Die Industriestadt (59 000 Einw.) am Südufer des Vänern ist die Heimat bedeutender Unternehmen wie GKN Aerospace oder Saab. In den Filmstudios drehte man große skandinavische Produktionen wie „Dogville"; das hat der Stadt den Spitznamen „Trollywood" eingebracht.

SEHENSWERT
Der 32 m hohe **Trollhättan Fall** ist heute gezähmt und wird zur Energiegewinnung genutzt. An einigen Tagen im Sommer wird der Göta älv aber in sein ursprüngliches Bett umgeleitet und stürzt vor den Augen vieler Zuschauer in die Tiefe (genaue Termine unter www.vastsverige.com/visittrollhattanvanersborg/produkter/trollhattefallen).

MUSEEN
Das in einer ehem. Fabrikhalle untergebrachte **Saab Museum** stellt fast alle Modelle aus, die je in Trollhättan vom Band liefen (Åkerssjövägen 18, https://saabcarmuseum.se; Juli–Aug. tgl. 10.00–17.00, sonst Di.–So. 11.00–16.00 Uhr). Eine weitere alte Halle beherbergt das **Innovatum Science Center** (Åkerssjövägen 16, https://innovatumsciencecenter.se; Sommer tgl. 10.00–17.00 Uhr), ein Mitmachmuseum, in dem die Besucher zu Forschern werden.
Die Geschichte des Götakanals wird im **Kanalmuseum** nachgezeichnet (Åkersbergsvägen 41; Ende Juni–Aug. tgl. 10.00–18.00 Uhr).

AKTIV
Im Juli und August kann man in Vänersborg an einer **Elchsafari** teilnehmen. Hier leben ungewöhnlich viele Tiere (https://algensberg.com).

INFORMATION
Trollhättans Turistbyrå,
Torgbyggnaden Drottningtorget,
461 53 Trollhättan, Tel. 0520 1 35 09,
www.vastsverige.com/visittrollhattanvanersborg

GLÜCKSBOTEN AM HORNBORGASEE

Die Kraniche bitten zum Tanz. Laut trompetend und Pirouetten drehend zelebrieren sie am Hornborgasee bei Skara ihre Frühlingsshow. Dabei begann alles eigentlich mit einem rücksichtslosen Eingriff in die Natur.

Schon im frühen 19. Jahrhundert hatte man angefangen, Teile des damals 30 Quadratkilometer großen Hornborgasees trockenzulegen. Immer wieder rückte man deswegen dem See zu Leibe, grub einen Ablaufkanal nach dem anderen und sorgte dafür, dass sich seine Gesamtfläche auf vier sumpfige Quadratkilometer verkleinerte. Da die Frühjahrsfluten die trockengelegten Flächen unter Wasser setzten, waren aber – statt saftiger Weiden – Wildwuchs aus Büschen und Schilf sowie große Sumpfgebiete das Resultat. In den 1980er-Jahren setzte dann ein Umdenken ein. Der renaturierte Hornborgasee sollte wieder zu einem Vogelparadies werden: Zentimeter um Zentimeter erhöhte sich der Wasserstand, Quadratkilometer um Quadratkilometer vergrößerte sich der See.

Ein unvergessliches Naturschauspiel bietet sich, wenn die Kraniche zum Tanz bitten.

2023 haben Ornithologen über 30 000 Kraniche gezählt, berichtet Christopher Magnusson, der in der Vogelstation am Hornborgasjö arbeitet. Obwohl der See inzwischen ein Paradies für viele Vogelarten geworden ist, profitieren vor allem die Kraniche von der Renaturierung. Sie nutzen ihn als Rast- und Ruhegebiet auf ihren alljährlichen Zügen zu den Winterzielen in Spanien und zurück in ihre Brutgebiete in Nordskandinavien. Inzwischen sind die Kraniche gar zu einem wichtigen Wirtschaftsfaktor für die Region geworden. Jahr für Jahr kommen bis zu 150 000 Vogelfans an den Hornborgasjö, um den Tanz der Glücksvögel zu genießen.

Infozentrum Naturum am Ostufer des Sees und **Beobachtungsplatz Trandansen** (Fütterung) im südlichen Teil des Sees.
Die Kraniche halten sich Mitte April bis Ende Mai und ab Mitte August am See auf. Da sie sich an keinen „Fahrplan" halten, sollte man kurz vor dem geplanten Besuch aktuelle Infos einholen unter: www.hornborga.com/english

Der Nordosten

FLÜSSE, SEEN UND KANÄLE

Wasser hat Södermanland, Närke und Östergötland geprägt: Seen, an denen der Adel seine Schlösser baute, Flüsse, die man zur Energiegewinnung zähmte, und Kanäle als Transportwege der Industriellen Revolution. Auch heute spielt Wasser noch eine wichtige Rolle für die Region. Inzwischen haben Freizeitkapitäne und Badenixen das Kommando übernommen.

Schloss Gripsholm, auf einer Insel im Mälarsee gelegen, ist in Deutschland durch Kurt Tucholskys Erzählung berühmt geworden.

Auf einem Hügel über dem Mälarsee steht die 1701 fertiggestellte Kirche von Mariefred. Ganz in der Nähe befindet sich Schloss Gripsholm.

Ein Museumsverein betreibt heute in Mariefred die Södermanlands Järnvag, die älteste Schmalspurbahn Schwedens.

Und noch ein Schloss am Mälarsee: Tidö Slott unweit von Västerås. Der im 17. Jahrhundert errichtete Renaissance-Bau ist heute für sein Spielzeugmuseum berühmt.

»DAS SCHLOSS GRIPSHOLM STRAHLTE IN DEN HIMMEL; ES LAG BERUHIGEND UND DICK DA UND BEWACHTE SICH SELBST.«

Kurt Tucholsky: Schloss Gripsholm

Schloss Gripsholm am Ufer des Mälarsees kennen viele Deutsche, auch ohne je in Schweden gewesen zu sein. Kurt Tucholsky hat es mit seiner gleichnamigen Erzählung 1931 in der Literaturgeschichte verewigt. In Mariefred, dem kleinen Ort, der dem Schloss gegenüber liegt, stellen vermutlich deshalb die Deutschen die stärkste ausländische Besuchergruppe. Auch in der schwedischen Geschichte hat das Schloss oft eine zentrale Rolle gespielt, letztmalig 1809, als man hier König Gustav IV. Adolf zur Abdankung zwang.

Viele Besucher reisen mit dem Auto oder dem Bus nach Gripsholm – die echten Genießer indes mit dem Dampfschiff aus Stockholm. Das dauert zwar ein paar Stunden, doch ist die Zeit keinesfalls vergeudet. Mit seinen mehr als tausend Inseln gehört der Mälaren zu den schönsten Seen des Landes. Da er bis ins Stadtzentrum von Stockholm hineinreicht, waren seine Ufer schon immer beim Adel beliebt, der dort seine Schlösser und andere stattliche Anwesen errichtete. Später machte es der Geldadel den Blaublütigen nach. Das war gut für den See und die heutigen Touristen, denn die großen Ländereien, die zu Herrschaftssitzen gehörten, blieben unbebaut. Schließlich wollte die High Society hier jagen und vielleicht auch mit der Kutsche ausfahren, ansonsten aber unge-

Am Ostufer des Vättersees: Grasbewachsene Ruinen (ganz oben) erinnern an das erste Zisterzienserkloster Skandinaviens, gegründet 1143 bei Alvastra. Aufmerksame Pferde und das küstenartige Ufer des Vättern sind bei Omberg zu bestaunen.

Rechte Seite: Geruhsame Zeiten am Götakanal – sofern man nicht gerade Schleusendienst hat.

stört bleiben. Dicht bebaute Ufer in Hauptstadtnähe muss man deswegen nicht befürchten.

AUS DER EISZEIT

Der Mälaren hatte früher sogar eine Verbindung zur Ostsee. Zu Wikingerzeiten war er nichts anderes als eine Meeresbucht. Erst später wurde er durch die nacheiszeitliche Landhebung allmählich vom Meer getrennt. Während der letzten Eiszeit war Schweden vollständig von Gletschereis bedeckt, einem drei Kilometer dicken Eispanzer, der die Landmasse nach unten drückte. Seit die Gletscher am Abschmelzen sind, hebt sich das Land wieder. Dieser Prozess der Landhebung dauert bis zum heutigen Tag an und sorgt dafür, dass Schweden von Jahr zu Jahr ein bisschen größer wird.

GROSS WIE EIN BINNENMEER

Der Vättern ist der zweitgrößte See im Land. 130 Kilometer ist er lang, bis zu 30 Kilometer breit – Maße, die ihn wie ein Meer wirken lassen. Auch an seinen Ufern stehen sie, die Schlösser und Burgen der Adeligen. Schloss Visingborg auf der Insel Visingö beispielsweise, das sich die Adelsfamilie der Brahes im 16. Jahrhundert errichten ließ und das einst eines der prachtvollsten Schlösser des Landes war, bis es 1718 niederbrannte. Schloss Vadstena dagegen thront noch stolz am Ufer des Vättersees. Sein Bauherr, König Gustav Wasa, befreite Schweden von der dänischen Herrschaft.

AUFSCHWUNG MIT WASSER

Wasser brachte auch die industrielle Revolution in Schwung. Seen und Flüsse dienten als Transportwege, auf denen die Waren aus Manufakturen und Fabriken zu den Käufern gelangten. Nicht immer strömten die Flüsse dorthin, wo man sie brauchte. Und häufig waren sie nicht schiffbar, weil Stromschnellen und Wasserfälle den Lastkähnen den Weg versperrten. Die Schweden fanden einen Ausweg und bauten quer durchs Land Kanäle. Der Götakanal ist der wohl be-

Die Industriestadt Linköping würdigt ihre Vergangenheit im Freilichtmuseum Gamla Linköping. Wiederaufgebaute historische Häuser aus dem Stadtzentrum und einige Museen lassen ein lebendiges Bild von Schweden vor der Industrialisierung entstehen.

kannteste davon. Er durchzieht Schweden von Ost nach West und verbindet die Ost- mit der Nordsee.

EINE KNOCHENARBEIT

Bei der Planung des Götakanals bezogen die Bauherren die vielen Seen in die Streckenführung mit ein. So geht es zwar im Zickzack durchs Land, aber immerhin mussten nur knapp 90 Kilometer der – einschließlich dem Trollhättekanal und dem Fluss Göta älv – insgesamt 390 Kilometer langen Wasserstraße künstlich angelegt werden. Rund 59 000 Soldaten schaufelten sich von 1810 an durchs Schwedenreich. Um fünf Uhr morgens begann die Schufterei und endete um acht Uhr abends. Die Soldaten marschierten zurück in die Kasernen, um neun blies man zum Zapfenstreich. So ging das 22 Jahre lang, bis der Kanal am 26. September 1832 eröffnet werden konnte. Heute hat er keine wirtschaftliche Bedeutung mehr, sondern ist ein attraktiver Wasserweg für Freizeitkapitäne und für die drei alten Dampfschiffe der Reederei Götakanal AB, die im Sommer zu Kreuzfahrten ablegen.

SCHWEDENS MANCHESTER

Auch die ersten Industriestädte wuchsen alle entlang von Flüssen, etwa Norrköping, das „schwedische Manchester". Hier sorgte das Wasser des Motala Ström für die Energie, die man für die Textil- und Papierfabriken brauchte. Heute sind es andere Kriterien, die darüber entscheiden, ob ein Industriestandort international bestehen kann – die Personalkosten etwa. Weil Schweden auf diesem Sektor mit den Billiglohnländern nicht mithalten kann, ist die Textilindustrie schon lange aus Norrköping abgewandert. Hemden und Hosen werden jetzt in Fernost produziert. Viele alte Fabrikgebäude stehen indes noch und dienen heute anderen Zwecken. Die Universität nutzt Räume in einer alten Textilfabrik, das Stadt- und das Arbeitsmuseum haben in ausgedienten Baumwollspinnereien Unterschlupf gefunden.

Götakanal

MIT DEM SCHIFF DURCHS PIPPI-LANGSTRUMPF-LAND

Wer auf dem Götakanal durch Schweden reist, lernt nicht nur das Land kennen, sondern auch eine andere Art des Reisens. Mit fünf Knoten, also in flotter Schrittgeschwindigkeit, geht es beschaulich voran.

Nur zwei Zentimeter zwischen Schiff und Kanalmauer rechts und links? Ein Götakanal-Kapitän lässt sich dadurch nicht aus der Ruhe bringen.

Der Götakanal zieht sich auf rund 390 Kilometern von Ost nach West durch Schweden. Von Norrköping südlich von Stockholm bis nach Göteborg verbindet er Ost- und Nordsee. Soldaten mussten Anfang des 19. Jahrhunderts 20 Jahre lang schaufeln, um den Kanal auszuheben. Anfangs war er ein wichtiger Transportweg. Nach seiner Eröffnung 1832 durchfuhren ungefähr hundert Dampfschiffe pro Jahr den Kanal, 1860 waren es tausend, 1930 bereits 2300. Dann aber wurde die Wasserstraße zu klein für die modernen Schiffe, und der Warentransport verlagerte sich auf Schiene und Straße. Der Götakanal verlor an Bedeutung, weshalb ihn seit 1970 ausschließlich Freizeitkapitäne nutzen.

SCHIFFE NACH MASS

Viel Platz ist nicht auf dem Kanal. An etlichen Stellen ist er gerade mal ein Dutzend Meter breit, und in den Schleusen geht es ohnehin eng zu. Deswegen wurden einst Schiffe gebaut, die zentimetergenau an den Kanal angepasst waren: exakt 31,66 Meter lang und 6,85 Meter breit.

Heute befahren nur noch drei Dampfschiffe der „Götakanalklasse“ den Kanal auf seiner ganzen Länge: die 1874 erbaute „Juno“ – das älteste noch in Betrieb befindliche Flusskreuzfahrtschiff der Welt – die „Wilhelm Tham“ von 1912 und die „Diana“, die 1931 vom Stapel lief.

ELCHE AM UFER

Genau wie im Kanal ist auch der Platz an Bord beschränkt. Im Vergleich zu einer Doppelkabine auf der „Wilhelm Tham“ wirkt ein Schlafwagenabteil im Zug wie eine Luxussuite. Will ein Passagier ins obere der Stockbetten steigen, sollte der andere schon brav zugedeckt unten in den Federn liegen. Stehend hat nur eine Person in der Kabine Platz.

Die „Wilhelm Tham" ist eines der drei historischen Schiffe, die den Götakanal bis heute befahren (ganz oben). Ansonsten schippern nur noch Freizeitboote auf der oft schmalen Wasserstraße quer durch Schweden.

Luxus aber suchen die Reisenden ohnehin nicht in den Kabinen – der besteht in der Langsamkeit des Reisens. Die Landschaft, durch die man fährt, ist typisch schwedisch. Hinter jeder Biegung taucht ein rotes oder gelbes Schwedenhäuschen mit sorgfältig gepflegtem Vorgarten auf. Dazwischen wogende Felder, grüne Wälder und blühende Apfelbäume. Ab

LUXUS SUCHEN DIE REISENDEN NICHT IN DEN KABINEN. DER BESTEHT IN DER LANGSAMKEIT DES REISENS.

und zu nimmt ein äsender Elch vor dem Boot Reißaus. Entlang des Götakanals sieht Schweden so aus, als wäre es von Astrid Lindgren entworfen worden. Niemand würde sich wundern, wenn am nächsten Hafen Pippi Langstrumpf mit ihrem Äffchen Herrn Nilsson die Passagiere begrüßen würde.

LIEDER AN DER SCHLEUSE

Auf der gesamten Strecke hat der Götakanal einen Höhenunterschied von knapp 92 Metern zu überwinden. In Forsvik ist der höchste Punkt erreicht. Hier warten die Kindboms auf den Dampfer. Vor fast 100 Jahren hat die Familie damit begonnen, jedes Passagierschiff, das die Schleuse passiert, mit Blumen und inbrünstig gesungenen christlichen Liedern zu begrüßen. Der Familienälteste, ein rüstiger Rentner, gibt im Stuhl sitzend den Ton an. Um ihn herum seine Kinder, Enkel und Urenkel, gesanglich unterstützt von vielen anderen Mitgliedern der Forsviker Kirchengemeinde. Die Sänger warten oft stundenlang an der Schleuse auf das Schiff. Ungeduldig wird deswegen keiner. Verspätungen gehören auf dem Kanal zum guten Ton. Denn dort, wo die Zeit keine Rolle mehr spielt, dient ein Fahrplan höchstens zur groben Orientierung.

Reisen auf dem Götakanal

Umfassende Infos rund um Bootsverleih, Touren mit dem eigenen Freizeitboot oder mit dem Fahrrad am Kanal entlang: AB Göta kanalbolag, Box 3, 591 21 Motala, www.gotakanal.se

Informationen zu Kanalkreuzfahrten mit der „Juno", „Diana" oder „Wilhelm Tham": www.gotacanal.se

Fagersta
Sala
UPPSALA
Västmanlands län
VÄSTERÅS
Hallstahammar
Köping
Enköping
Bålsta
Arboga
Eskilstuna
Strängnäs
Örebro
Kumla
Hjälmaren
Södertälje
Mariefred
Gripsholm
Södermanlands län
Katrineholm
Nyköping
Oxelösund
Finspång
NORRKÖPING
Söderköping
Vikbolandet
Motala
Vadstena
Vättern
Linköping
Mjölby
Östergötlands län
Tranås
Kisa
Åtvidaberg
Valdemarsvik
ÖSTERSJÖN
(OSTSEE)
Maßstab 1:900.000
0
10km

ZWISCHEN MEER UND SEE

Die Städte im Herzen Schwedens waren schon im Mittelalter Zentren des Handels und des Glaubens. Freilichtmuseen bewahren dieses Erbe. Heute finden sich hier große Industriestädte. Västerås als Heimat des ABB-Konzerns, die Textilstadt Norrköping und Linköping mit den Saab-Flugzeugwerken sind die Wirtschaftsmotoren der Region.

❶ Nyköping

Die moderne Provinzstadt (57 000 Einw.) war im Mittelalter eine der bedeutendsten schwedischen Städte. Heute ist sie ein regional bedeutsamer Industriestandort.

SEHENSWERT

Schlossruine **Nyköpingshus** (im Sommer tgl.), erbaut im 14. Jh., wurde nach dem Brand von 1655 nur teilweise wieder aufgebaut. Im Vorgängerbau hielt König Birger Magnusson 1318 seine beiden Brüder gefangen. Nachgespielt wird das Familiendrama jeden Sommer im Innenhof unter dem Titel Gästabud („das Fest"). Spielzeit und Tickets unter https://nykopingsgastabud.se

HOTEL

Im **€€€ Trosa Stadshotell** (Västra Långgatan 19, Tel. 0156 1 70 70, www.trosastadshotell.se) empfängt man schon seit 150 Jahren Badegäste. Heute bietet man ihnen u. a. ein exklusives Spa.

UMGEBUNG

Einen Abstecher lohnen der Ausflugsort **Trosa** (45 km nordöstl.; Restaurants am Wasser) und das nördl. davon gelegene, 1720 erbaute **Schloss Tullgarn** (www.kungligaslotten.se; nur Juni–Aug.).

INFORMATION

Turistbyrå Nyköping, Tel. 0155 2 48 00, www.nykopingsguiden.se

❷ Norrköping

Die vom Motala ström durchflossene Stadt (145 000 Einw.) erlebte mit der Ansiedlung von Textilfabriken im 19. Jh. einen Aufschwung, entwickelte sich zu einer der bedeutendsten Industriemetropolen und verdiente sich den Beinamen „Schwedens Manchester".

MUSEEN

Im **Arbeitsmuseum** (Laxholmen, www.arbetetsmuseum.se; tgl. 10.00–17.00 Uhr, Eintritt frei) in einer alten Baumwollspinnerei auf der Insel Laxholmen werden die Arbeitsbedingungen aus der Frühzeit der Industrialisierung nachgezeichnet. Wer sich für die Textilindustrie und

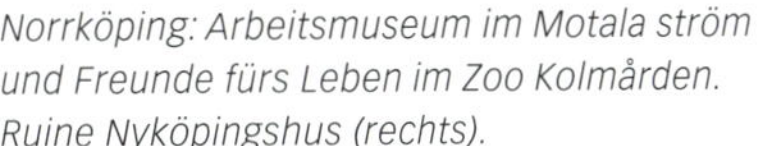

Norrköping: Arbeitsmuseum im Motala ström und Freunde fürs Leben im Zoo Kolmården. Ruine Nyköpingshus (rechts).

die Geschichte von Norrköping interessiert, der sollte auch das wenige Schritte über eine Fußgängerbrücke entfernte **Stadtmuseum** ansteuern (Västgötegatan 21, www.norrkopingsstadsmuseum.se; Di.–So. 11.00–16.00, Do. bis 20.00 Uhr, Eintritt frei).

Das landesweit herausragende **Kunstmuseum** (Kristinaplatsen 6, www.norrkopingskonstmuseum.se; Juni–Aug. Di.–So. 12.00–16.00, sonst Di.–So. 11.00–17.00, Mi. jeweils bis 20.00 Uhr, Eintritt frei) zeigt Werke schwedischer Maler aus dem 19. und 20. Jh.

Im Vorort Himmelstalund sind 1600 bronzezeitliche Felsritzungen zu bewundern. Im benachbarten **Hällristningsmuseum** (Felsritzungsmuseum) erhält man die dazugehörigen Hintergrundinfos.

UMGEBUNG

Norrköping ist in Schweden vor allem wegen des Zoos **Kolmården** bekannt (27 km nordöstl.), der sich zu einem riesigen Freizeit- und Safaripark entwickelt hat. Besonders für Familien lohnt der Besuch (www.kolmarden.com; Juli bis Mitte Aug. tgl. 10.00–18.00/20.00, Mai, Juni, Mitte–Ende Aug. tgl. bis 18.00, April, Sept.–Nov. Fr.–So. bis 17.00 Uhr).

INFORMATION

Norrköpings kommun, https://visit.norrkoping.se, Infopunkte u. a. in allen Museen

❸ Linköping

Die Provinzhauptstadt Östergötlands (167 000 Einw.) ist Industrie-, Bischofs- und Universitätsstadt. Einen Namen hat sie sich wegen ihres Engagements für den Umweltschutz gemacht; so fahren etwa alle Stadtbusse mit Biogas.

SEHENSWERT

Der Bau des **Doms** (sehenswerte Barockkanzel, www.linkopingsdomkyrka.se; tgl. 9.00–18.00 Uhr) wurde 1120 begonnen, aber erst 1886 mit Anfügen des 107 m hohen Turms beendet.

Noch beliebter bei den Besuchern der Stadt ist **Gamla Linköping**, eines der führenden Freilichtmuseen des Landes mit fast 100 Gebäuden. Das Besondere: Viele Häuser sind dauerhaft bewohnt, sodass Gamla Linköping eher wie ein Stadtteil mit alten Häusern als wie ein Museum wirkt (Kryddbodtorget 1, www.gamlalinkoping.info; jederzeit zugänglich, Läden und Handwerksbetriebe je nach Jahreszeit zwischen 10.00/11.00 und 16.00/17.00 Uhr geöffnet). Das **Östergötlands museum** (Raoul Wallenbergs plats 1, www.ostergotlandsmuseum.se; Juni–Aug. tgl. 11.00–17.00, Mi. bis 20.00 Uhr, sonst nur Di.–So.) ist eines der größten Provinzmuseen Schwedens. Es stellt Exponate zur Frühgeschichte und schwedische Kunst vom Mittelalter bis zur Gegenwart aus; zudem ist ein Computermuseum angeschlossen.

UMGEBUNG
Kloster **Vreta** (8 km nordöstl.), 1110 gegründet, war das erste Kloster Schwedens. Nur noch die Klosterkirche ist gut erhalten. Ein Besuch lohnt auch wegen der schönen Lage in der Nähe des Götakanals.

INFORMATION
Visit Linköping, Konsistoriegatan 7
582 22 Linköping, Tel. 013 1 90 00 70,
www.visitlinkoping.se

Tucholskys Ruhestätte

Mit seiner heiter-melancholischen Erzählung „Schloss Gripsholm" hat Kurt Tucholsky dem Wahrzeichen Mariefreds ein literarisches Denkmal gesetzt und es in Deutschland bekannt gemacht. Im Werk des „rasenden Reporters" ist die leichte Sommergeschichte aber eine Ausnahme. Und auch für ihn selbst, den vor den Nazis nach Schweden geflohenen Exilanten, sah das Schicksal kein Happy End vor. Im Dezember 1935 nahm er sich im Badeort Hindås, unweit von Göteborg, das Leben. Begraben liegt er auf dem Friedhof von Mariefred (2 km außerhalb). Auf seinem Grabstein steht „Alles Vergängliche ist nur ein Gleichnis", ein Zitat aus „Faust. Der Tragödie zweiter Teil" von Goethe.

4 Vadstena

Vadstena (7500 Einw.) liegt malerisch am Ufer des Vättern. Im 13. Jh. ließ das Königsgeschlecht der Folkunger hier einen Sommerpalast errichten, den König Magnus Eriksson im 14. Jh. der Oberhofmeisterin seiner Frau überließ, Birgitta von Schweden, die dort ein Kloster gründete.

SEHENSWERT
Die Pläne für die 1395–1430 erbaute **Klosterkirche** waren der hl. Birgitta einer Legende nach direkt von Gott übermittelt worden. In der Kirche befinden sich mehrere Darstellungen der Heiligen; die künstlerisch wertvollste ist eine Skulptur von 1390 im Südostteil der Kirche. Im Nordteil liegen die Gräber der drei Königinnen Katharina († 1450), Birgitta Turesdotter († 1436) und Philippa († 1430). Hinter dem Hauptaltar befindet sich der Birgittenschrein mit den Gebeinen der Heiligen. **Bjälboättens palats** (13. Jh.), der ehem. Sommerpalast des Königs, in dem das Nonnenkloster gegründet wurde, wird heute zum Teil als Hotel genutzt.
Für das im Auftrag von Gustav Wasa Mitte des 16. Jh. am Ufer des Vättern errichtete **Schloss Vadstena** (Führungen und Veranstaltungen, https://vadstenaslott.com) wurden Steine der Klosterruine von Alvastra verwendet.

RESTAURANT
Solide Speisen zu günstigen Preisen gibt es im historischen **€€ Rådhuskällaren** (Rådhustorget, Tel. 0143 1 21 70, www.radhuskallaren.one).

UMGEBUNG
Am Rande des Naturschutzgebiets Omberg (Wanderwege, Aussichtspunkte) befindet sich die Klosterruine von **Alvastra**. Das Kloster war 1143 von Zisterziensermönchen gegründet worden und entwickelte sich zu einem wohlhabenden Klosteranwesen. Von 1344 bis 1349 lebte hier die hl. Birgitta. Wie fast alle anderen schwedischen Klöster wurde das Zisterzienserkloster von Gustav Wasa enteignet.

INFORMATION
Turistbyrå Vadstena, Storgatan 28,
592 30 Vadstena, Tel. 010 2 34 73 70,
https://info.vadstena.se

5 Örebro

Der Ort (158 000 Einw.) erhielt bereits 1265 Stadtrechte und hat sich im Lauf der Jahrhunderte zum Zentrum der Regionen Närke und Bergslagen entwickelt. Heute ist Örebro Handels- und Ausbildungszentrum.

SEHENSWERT
Das **Schloss**, dessen älteste Teile aus dem 13. Jh. stammen, liegt auf einer kleinen Insel im Stadtzentrum. Sein heutiges Aussehen erhielt es bei einer Renovierung Ende des 19. Jh. Heute ist es Sitz des Regierungspräsidenten der Region (nur mit Führung, Termine in der Touristeninfo). Im nahen neugotischen **Rathaus** erklingt im Sommer dreimal am Tag ein

Schlösser unter sich: das im Renaissance-Stil errichtete von Vadstena (ganz oben) und das als Regierungssitz dienende von Örebro.

Glockenspiel. 1810 wurde in der **Kirche St. Nikolai** der französische Marschall Jean Baptiste Bernadotte als Karl XIV. Johan zum schwedischen Thronfolger gekürt. Vom 58 m hohen **Wasserturm Svampen** („Pilz", Dalbygatan 4; tgl. 10.00–18.00, Nebensaison bis 16.00 Uhr) mit Aussichtscafé verschafft man sich rasch einen Überblick.
Am Rand der Innenstadt liegt das **Freilichtmuseum Wadköping** mit Holzhäusern aus dem 17.–19. Jh., die früher an anderer Stelle in Örebro standen und hier wiederaufgebaut wurden (Gelände frei zugänglich, Häuser je nach Jahreszeit 11.00–16.00/17.00 Uhr geöffnet).

INFORMATION
Örebrokompagniet,
Infopoint Olof Palmes torg 3 (im Schloss),
702 22 Örebro, Tel. 019 21 44 99,
www.visitorebro.se

6 Västerås

Die Stadt (159 500 Einw.) war im Mittelalter Bischofssitz. Mehrfach wurden hier Reichstage abgehalten. Heute ist es vor allem die Lage am Mälarsee, die Västerås als Wohnort interessant macht.

SEHENSWERT
Der **Dom**, dessen älteste Teile aus dem 13. Jh. stammen, erinnert an die Blütezeit der Stadt. Der gotische Altaraufsatz von 1516 ist teils in Gold gefasst. Auch die Taufkapelle aus dem 17. Jh. und der Sarkophag von König Erik XIV., der Mitte des 16. Jh. das Schwedenreich regierte, sind einen Blick wert.

AKTIV
340 km beleuchtete und im Winter beheizte Fahrradwege machen Västerås zum **Radlerparadies**.

RESTAURANT
Ausgezeichnete Küche der Spitzenklasse bietet **€€€€ Frank** (Stora torget 3, Tel. 021 13 65 00, https://frankbistro.se; So., Mo. geschl.).

UMGEBUNG
Die **Amundshögen** (6 km nördl.) sind Grabhügel und Steinsetzungen aus der Wikingerzeit. **Schloss Tidö** (15 km südöstl.) stammt aus dem 17. Jh. und ist eines der am besten erhaltenen Schlösser dieser Zeit (Motorradausstellung: Juni–Aug. Di.–So. 10.00–17.00 Uhr, April, Mai, Sept., Okt. nur Sa., So.; Schlossführungen: Juli bis Mitte Aug., Uhrzeiten s. www.tidoslott.se).

INFORMATION
Turistbyrå Västerås, Tel. 021 39 01 00, https://visitvasteras.se

7 Mariefred

Der kleine Ort (3900 Einw.) zählt zu den beliebtesten Ausflugszielen am Mälarsee.

SEHENSWERT
Mariefred ist durch das in Kurt Tucholskys gleichnamiger Erzählung (s. S. 96) unsterblich gemachte **Schloss Gripsholm** **TOPZIEL** bekannt. Im 16. Jh. im Auftrag von König Gustav Wasa erbaut, erhielt es sein heutiges Aussehen im 18. Jh., als es auf Geheiß von König Gustav III. erweitert wurde. Der kunstsinnige Monarch ließ auch ein Theater erbauen. Im Laufe seiner Geschichte kerkerten machtgierige Monarchen in Gripsholm immer wieder Rivalen ein. Heute beherbergt es die größte Porträtsammlung Europas.
Malerisch ist auch die **Altstadt**, besonders das Holzrathaus (1748) und die Dorfkirche, die 1624 auf den Grundmauern einer abgebrochenen Klosterkirche errichtet wurde.

HOTEL
Direkt gegenüber von Schloss Gripsholm bietet **€€€ Gripsholms Värdshus** (Kyrkogatan 1, Tel. 0159 3 47 50, www.gripsholms-vardshus.se) viel Atmosphäre, 46 individuell eingerichtete Zimmer und eine hervorragende Küche.

UMGEBUNG
Im Dom (13. Jh.) von **Strängnäs** (27 km nordwestl.) sind neben den Grabmonumenten von König Sten Sture d. Ä. († 1503) und König Karl IX. († 1611) auch der Hochaltar von 1490 und ein Marienschrein von 1515 sehenswert (Mitte Juni–Mitte Aug. 10.00–18.00, sonst 10.00 bis 16.00 Uhr).

INFORMATION
Mariefred turistbyrå (nur im Sommer), Kyrkogatan 13 (im Rathaus), 647 30 Mariefred, Tel. 0159 2 91 00, www.strangnas.se/uppleva-och-gora/turism

RADELN RUND UM DEN MÄLARSEE

Fahrradwege um schwedische Seen sind gewiss keine Seltenheit. Der Mälardalsleden, der auf 444 Kilometern den Mälaren umrundet, ist dennoch etwas Besonderes. Es gibt ihn schon seit 1980 – damit ist er der älteste aller schwedischen Langstreckenradwege.

In einem weiten Bogen führt der Mälardalsleden um den Mälarsee herum; er beginnt und endet in Stockholm. Da entlang der Route viele der geschichtsträchtigsten Orte des Landes liegen, ist die Tour mit dem Zweirad zugleich eine spannende Zeitreise. Man kommt durch Sigtuna, die älteste Stadt des Landes, passiert das im Mittelalter so wichtige Strängnäs und radelt weiter nach Mariefred, wo Schloss Gripsholm steht. Wer die Tour auf dem Mälardalsleden nicht zur Bildungsreise machen will, packt einfach die Badehose ein und strampelt von Badestelle zu Badestelle. Denn davon gibt es am Ufer des drittgrößten schwedischen Sees wahrlich genug. Von der wundervollen Natur entlang des Weges ganz zu schweigen.

Auch das gehört zu einer Radtour am Mälaren: die Seele baumeln lassen am Ufer.

Für Hobbyfahrer gut zu bewältigen ist der Mälardalsleden ohnehin, führt er doch fast ausschließlich eben dahin. Wer die sportliche Herausforderung sucht, nimmt am „Mälaren runt“ teil, einem Langstreckenrennen für Fahrradfahrer, das seit 1892 immer am ersten Sonntag im August ausgetragen wird und das innerhalb von 24 Stunden in einem Ritt um den See führt.

Der Mälardalsleden ist größtenteils asphaltiert und bestens markiert (auf die roten Schilder achten!). Nur selten muss man sich die Fahrbahn mit motorisiertem Straßenverkehr teilen.

Infos zum Radweg gibt es unter https://swedenbybike.com/en/bicycle-routes/malardalsleden. **Allgemeine Auskünfte** rund ums Radfahren in Schweden erteilt der Schwedische Fahrradfahrerverband: Svenska Cykelsällskap, Torneågatan 10, 164 79 Kista, Tel. 08 751 62 04, www.svenska-cykelsallskapet.se

Käkbrinken
4-2

*

HAUPTSTADT AM WASSER

*

Die schwedische Hauptstadt ist vom Wasser umschlossen: die Ostsee auf der einen, der Mälarsee auf der anderen Seite. „Venedig des Nordens“ hat man Stockholm deswegen lange Zeit genannt. Den Vergleich hören die Stockholmer inzwischen nicht mehr so gern. Selbstbewusst, wie man ist, hält man es nicht für nötig, sich mit anderen Städten zu messen.

Der Stortorg zählt zu den beliebtesten Treffpunkten der Stadt. Hier steht die Börse (1778), Sitz des Nobelpreismuseums.

Ein Wahrzeichen von Stockholm: das Königliche Schloss auf der Insel Gamla Stan (ganz oben). Im „Goldenen Saal" des Rathauses am Riddarfjärden wird alljährlich am 10. Dezember nach dem Nobelpreis-Bankett getanzt. Das Festmahl wird eine Etage tiefer serviert, im „Blauen Saal".

Pickelhauben sind kein preußisches Alleinstellungsmerkmal: Täglich um die Mittagszeit begleitet das Musikkorps die Ablösung der Königlichen Palastwache.

Ungewöhnliche Bleibe mit toller Aussicht: die Jugendherberge auf dem Segelschiff „Af Chapmann". Am gegenüberliegenden Ufer ragen die Deutsche Kirche (Bildmitte) und die Storkyrka hervor.

»DER JUNGE … SAH HINAB AUF DIE LUSTIGEN VILLEN AM SEE, ALS DAUNENFEIN EINEN SCHREI AUSSTIESS. ›JETZT WEISS ICH, WO WIR SIND! DORT LIEGT DIE STADT, DIE AUF DEM WASSER SCHWIMMT.‹«

Selma Lagerlöf: Nils Holgersson

Die Graugänse hatten Recht: Sie erzählten dem kleinen Nils Holgersson während ihrer gemeinsamen Reise durch Schweden, dass Stockholm eine Stadt sei, die auf dem Wasser schwimmt. Mit etwas Glück erleben auch Sie den Blick auf Schwedens Hauptstadt aus der „Gansperspektive" – freilich nur bei einem wolkenfreien Blick durch das kleine Flugzeugfenster während des Anflugs auf den Flughafen Arlanda. Und der offenbart ganz deutlich, wovon die Statistik spricht: Stockholm besteht zu je einem Drittel aus Wasser, aus Grünflächen und aus bebautem Gebiet. Auch die 14 Inseln, auf denen Stockholm liegt, kann das menschliche Auge noch ausmachen. Die 54 Brücken, die sie miteinander verbinden, erblicken allerdings nur Gänse oder Adler mit ihren scharfen Augen. Wen wundert es, dass bei so viel Wasser kaum ein Reiseführer ohne die Zuschreibung „Venedig des Nordens" auskommt? Die hat man in Stockholm lange Zeit selbst verwendet, ist ihrer aber mittlerweile überdrüssig geworden. Das Selbstbewusstsein der Schweden ist gewachsen, und sie haben erkannt, dass Stockholm die Anlehnung an die Lagunenstadt in Norditalien gar nicht braucht. Denn was Schönheit betrifft, kann es Schwedens Hauptstadt mit jeder Stadt der Welt aufnehmen – ganz ohne Vergleiche!

Stockholms Innenstadt (im Uhrzeigersinn): Die Riddarholmkirche auf der Insel Riddarholmen ist Begräbnisstätte der schwedischen Könige. Schmucke Gassen sind typisch für die Altstadt Gamla Stan. Köstlichkeiten aller Art bietet die Saluhall (Markthalle) im Stadtteil Östermalm. Am Stortorg widmet sich das Nobelmuseum der berühmten Ehrung.

Eine Augenweide am Stortorg in Gamla Stan sind die schmalen Patrizierhäuser. Weniger schön: 1520 ließ Dänenkönig Christian hier 94 politische Gegner hinrichten; das Ereignis ging als „Stockholmer Blutbad" in die Geschichte ein.

Special

Stockholm im Krimi

Bei Blomkvist ums Eck

Weltweit wurden fast 90 Millionen Exemplare von Stieg Larssons Kriminalromanen verkauft. In Stockholm veranstaltet das Stadtmuseum Führungen zu den Originalschauplätzen der Bücher „Verblendung", „Verdammnis" und „Vergebung".

Ausgangspunkt ist die Bellmansgatan 1 in Södermalm. Hier lebt der Journalist Mikael Blomkvist, der in Larssons Büchern die Hauptrolle spielt. In der Hornsgatan 78 liegt die Mellqvist Kaffebar, eines der Lieblingscafés von Blomkvist. Aufmerksame Leser von Larssons Romanen werden in der Götgatan den Seven-Elven-Laden suchen, in dem Lisbeth Salander einkauft – und ihn bei Hausnummer 25 finden. Weiter geht der Weg in Richtung Süden, die Götgatan entlang, bis man auf Höhe des Medborgarplatsen in die Tjärhovsgatan abbiegt. Dort erreicht man das Restaurant Kvarnen, in dem sowohl Mikael Blomkvist als auch Lisbeth Salander häufig essen.

Führung in die Welt von Stieg Larsson

Auch die Szene, in der Salander ihre Geliebte Miriam Wu küsst, spielt hier.

Für richtige Fans lohnt sich ein Abstecher in die Fiskargatan 9. Dort hat Lisbeth Salander im obersten Stockwerk eine noble Wohnung mit Blick über Stockholm gekauft. Auf das Namensschild an der Tür schreibt sie „V. Kulla" – für Schweden ein eindeutiger Hinweis auf die Villa Villekulla, wie Pippi Langstrumpfs „Villa Kunterbunt" auf Schwedisch heißt.

IM EKOPARK

Die Schweden sind stolz auf ihre Hauptstadt, und diesen Stolz zeigen sie gern und häufig. Jeden Sommer strahlt das Schwedische Fernsehen Interviews mit Touristen aus, die sich in der Regel begeistert über die Stadt äußern. In einem der Interviews sagte beispielsweise ein junger Familienvater aus England, er habe während der Rundfahrt im Boot durch den Stockholmer Hafen die ganze Zeit das Gefühl gehabt, in einem Nationalpark unterwegs zu sein. Und er hat sogar Recht damit: Denn der Ekopark, auch Kungliga nationalstadsparken genannt, ist der erste und bisher einzige innerstädtische Nationalpark der Welt; 2005 wurde er als solcher anerkannt.

STADT DER KULTUR

Doch Stockholm hat natürlich viel mehr als „nur" seine faszinierende Lage am Wasser zu bieten. Die Hauptstadt ist auch das kulturelle Zentrum des Landes. Die besten Theater sind hier beheimatet, die Staatsoper, viele alternative Kultureinrichtungen sowie die meisten Galerien. Vor allem im Stadtteil Södermalm hat sich in den letzten Jahren eine beeindruckende Kunstszene entwickelt. Die meisten Museen der Hauptstadt gehören zu den führenden ihrer Art in Schweden; einige, wie das Nationalmuseum,

Stockholm besitzt einige weltberühmte Museen, darunter das Fotografiska, das größte fotografische Museum Nordeuropas.

Gut zehn Kilometer von Stockholm entfernt liegt Schloss Drottningholm auf einer Insel im Mälarsee. Bis auf den Südflügel, in dem die Königsfamilie lebt, können alle Räume des prächtigen Barockschlosses besichtigt werden.

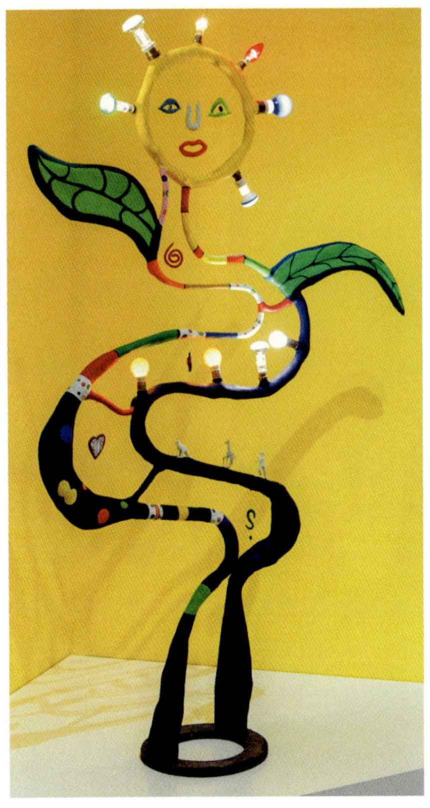

Das Moderne Museum auf der Insel Skeppsholmen zeigt hochkarätige Gegenwartskunst.

Die über 60 Meter lange Wasa ist das zentrale Exponat im Wasamuseum. 1961 wurde das Wrack geborgen und anschließend konserviert.

DIE WASA, DAS SEINERZEIT GRÖSSTE KRIEGSSCHIFF DER WELT, GING UNMITTELBAR NACH DEM STAPELLAUF UNTER.

zählen zu den besten Europas. Und das Wasamuseum, sucht gleich weltweit seinesgleichen.

STAPELLAUF IN DEN UNTERGANG

Im Sommer 1628 sank die Wasa, das damals größte Kriegsschiff der Welt, unmittelbar nach dem Stapellauf im Hafen von Stockholm. Gerade einmal zwanzig Minuten konnte sich das Schiff über Wasser halten. König Gustav II. Adolf (1594–1632), der bedeutendste Herrscher Schwedens, war außer sich vor Wut und setzte eine Untersuchungskommission ein. Diese sollte den Schuldigen ausfindig machen und entsprechend bestrafen. Dabei trug der König selbst den größten Teil der Schuld. Während des Dreißigjährigen Krieges (1618–1648) kam es ab 1621 zwischen Schweden und Polen zu Auseinandersetzungen. Polens mächtige Seeflotte war ein ernstzunehmender Gegner im Kampf um die Vorherrschaft in der Ostsee. Um den Polenkönig Sigismund in die Knie zu zwingen, gab Gustav Adolf bei der Stockholmer Werft vier Kriegsschiffe in Auftrag. Eines davon sollte so monumental sein, dass der Gegner allein beim Anblick erschaudern und die Flucht ergreifen würde. „Nächst Gott beruht das Wohlergehen des Reiches auf seiner Flotte", postulierte der Schwedenkönig.

HYBRIS EINES KÖNIGS

Immer neue Anweisungen gab Gustav Adolf während der Bauphase. Erst sollte die Wasa noch größer werden, dann noch schwerere Kanonen an Bord nehmen können und schließlich auch noch prunkvoller werden. Obendrein sollte das alles schneller gehen als zunächst geplant – der König hatte es eilig mit dem Stapellauf.

All das ereignete sich in einer Zeit, in der man Schiffe nicht anhand von Plänen baute und mathematische Stabilitätsberechnungen noch unbekannt waren. Vielmehr griffen die Schiffsbauer auf Erfahrungswerte zurück. Doch ein Schiff wie die Wasa war vorher noch nie gebaut worden. Die Kombination aus den königlichen Extrawünschen und der mangelnden Erfahrung der Schiffsbauer führte dazu, dass der Schiffsmittelpunkt der Wasa zu hoch lag, man zu wenig Ballast mit an Bord nahm – und das Schiff schon bei leichtestem Wind nicht mehr seetüchtig war.

IN GOTTES HAND

Dies fand man aber erst viele Jahre später heraus, nachdem die Wasa 1961 gehoben und im Wasamuseum auf der Insel Djurgården ausgestellt worden war. Die vom König eingesetzte Kommission bestrafte seinerzeit übrigens niemanden,

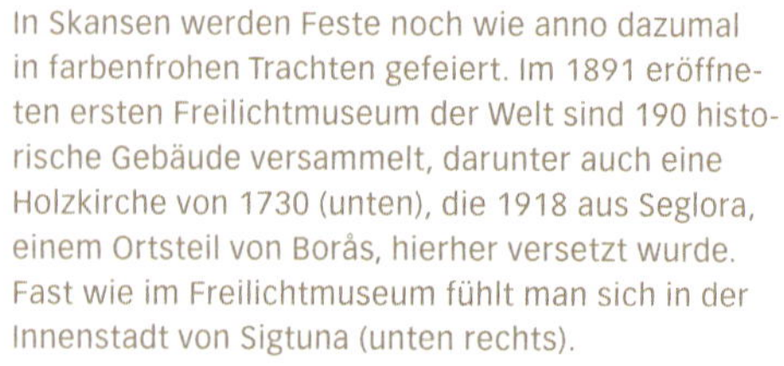

In Skansen werden Feste noch wie anno dazumal in farbenfrohen Trachten gefeiert. Im 1891 eröffneten ersten Freilichtmuseum der Welt sind 190 historische Gebäude versammelt, darunter auch eine Holzkirche von 1730 (unten), die 1918 aus Seglora, einem Ortsteil von Borås, hierher versetzt wurde. Fast wie im Freilichtmuseum fühlt man sich in der Innenstadt von Sigtuna (unten rechts).

sondern übernahm das Urteil des Baumeisters. Der antwortete auf die Frage, wer den Untergang der Wasa denn nun zu verantworten habe: „Das weiß Gott allein."

HINAUS AUF DIE INSELN

Der Stapellauf der Wasa fand an einem Sonntag unter blauem Himmel und bei strahlender Sonne statt. Bei einem solchen Kaiserwetter machen sich heutzutage Tausende kleiner Schiffe auf den Weg hinaus in die Schären. Rund 150 000 Boote befinden sich in Stockholm in Privatbesitz – und an einem Sommersonntag scheinen sie alle unterwegs zu sein. Platz gibt es auf den Schäreninseln dennoch genug. Fast 30 000 Eilande liegen vor Stockholm im Meer: große und kleine, bewaldete und unbewaldete, be-

FAST 30 000 INSELN LIEGEN VOR STOCKHOLM IM MEER. RUND 50 000 FERIENHÄUSER BEFINDEN SICH DORT.

wohnte und unbewohnte. Enorm ist auch die Zahl der Ferienhäuser, 50 000 hat man dort erfasst. Das entspricht aber rein rechnerisch nicht einmal zwei Häusern pro Insel.

An der Anlegestelle vor dem Dramaten, dem Nationaltheater, starten die Ausflugsschiffe. Wer im Sommer in der Stadt bleiben muss, kommt am Wochenende hierher. Eine Fahrt mit dem Schiff hinaus in den Schärengarten bietet zumindest eine kleine Flucht. Die Ungeduldigen packen schon während der Hafenausfahrt ihre Thermoskannen und Stullen aus. Kaffeeduft kriecht übers Schiff, und das zweite Frühstück fordert die ganze Aufmerksamkeit der Passagiere. Für Stockholms Schönheiten haben die Einheimischen kaum noch einen Blick. Sie haben die Schifffahrt hinaus in die Schären schon viele Male unternommen, und der eine oder andere von ihnen gehört sicher zu den Glücklichen,

Uppsala gilt als Stadt der Wissenschaft: Carl von Linné und Anders Celsius wirkten hier, heute studieren rund 40 000 junge Leute an der hiesigen Universität. Am Stortorg erhebt sich das 1883 erbaute Rathaus.

Was wäre eine Unistadt ohne blühende Kneipenszene und ausgeprägte Partykultur? Uppsala macht da keine Ausnahme.

1437 geweiht und mehrfach umgebaut, ist der gotische Dom von Uppsala Krönungs- und Grabkirche vieler schwedischer Könige. König Gustav I. Wasa wurde hier bestattet. Das Langhaus ist berühmt für seine immense Raumwirkung.

DIE SCHÄRENINSELN ÜBEN EINE BESONDERE FASZINATION AUS. AUCH VIELE KÜNSTLER ZOG UND ZIEHT ES DORTHIN.

die dort draußen ein Wochenendhäuschen besitzen. Touristen freilich versetzt die Fahrt durch die Gewässer der Innenstadt in Begeisterung. Sie genießen die Hafenausfahrt, den Blick nach rechts auf das Schloss und das Moderne Museum. Oder nach links auf die Insel Djurgården, wo das Nordische Museum, das Freilichtmuseum Skansen, die Wasa, der Vergnügungspark Gröna Lund und das Abba-Museum liegen.

KÜNSTLER AUF DEN SCHÄREN

Sobald das Schiff den inneren Hafen verlassen hat, übernimmt die Natur das Kommando über die Farbpalette. Sie gibt die Hintergrundfarben vor: Blau und Grün für Wasser und Wald. Der Mensch darf nur noch einzelne Farbtupfer hinzufügen: Gelb und Rot für die Häuser auf den Inseln, Weiß für die Boote und die Segel auf dem Meer.

Wohl auch wegen der Farben hat es Künstler schon immer hinaus auf die Schäreninseln gezogen. Dort fanden sie Inspiration, konnten gedankenverloren am Ufer sitzen, saubere Luft atmen und dem Geschrei der Möwen zuhören. Schriftsteller wie August Strindberg beispielsweise. Im Vorwort seines Romans „Die Leute von Hemsö“ schreibt er, dass die Stockholmer Schären schon immer eine besondere Anziehungskraft auf ihn ausgeübt hätten.

ABBA The Museum

DANCING QUEEN STATT WATERLOO

ABBA The Museum lockt seit 2013 lockt Tausende Besucher in die Stadt. Die schwedische Popgruppe gehörte von 1974 bis zu ihrer Auflösung 1982 zu den erfolgreichsten der Welt.

Aus den Vornamen der vier Musiker setzt sich der Bandname ABBA zusammen: Agnetha (unten), Benny (oben), Björn und Anni-Frid.

Für Napoleon bedeutete Waterloo das Ende – für ABBA begann damit eine Weltkarriere. 1974 gewannen die vier Schweden mit diesem Titel den Grand Prix Eurovision, danach stiegen sie innerhalb eines Jahrzehnts zu einer der weltweit erfolgreichsten Bands auf. Fast 400 Millionen Tonträger hat ABBA bis heute verkauft.

MEHR ALS NUR EINE BAND

ABBA ist nicht irgendeine Band. Agnetha, Benny, Björn und Anni-Frid sind schwedisches Kulturgut, das ein eigenes Museum verdient hat. 2013 war es so weit: Die Bandmitglieder stellten dem Museum Schallplatten, Kostüme, Instrumente und viele weitere Erinnerungsstücke zur Verfügung. Auch sämtliche goldenen Schallplatten, mit denen die Band ausgezeichnet wurde, kann man sehen.

Ein Hingucker sind die grellen Bühnenkostüme aus den 1970er-Jahren, als Agnetha Fältskog und Anni-Frid Lyngstad in ihren knappen Shorts und Miniröcken nahezu die gesamte pubertierende Jungenwelt Europas betörten. So mancher Vater wird sich beim Museumsbesuch an die Zeit erinnern, als sein Teenagerzimmer mit ABBA-Postern tapeziert war.

BLICK INS FERIENHAUS

Das Museum präsentiert nahezu alles, was sich ein Fan erträumen kann. Kaum eine Frage über das musikalische Kleeblatt, das sich zum Entzücken des Publikums aus zwei „echten" Pärchen zusammensetzte, bleibt unbeantwortet. Sogar die Ferienhütte der Band wurde nachgebaut, einschließlich des Originalblicks hinaus aufs Meer – eingespielt per Video.

Wer mag, kann sich als fünfte(r) ABBA versuchen, auf die Bühne steigen und dort mit seinen Lieblingen „Dancing Queen", „Mamma Mia" oder einen anderen der unvergessenen Hits performen. Außerdem kann man sich Mitschnitte der größten Konzerte anschauen und die zahlreichen „Ottos" bestaunen, Auszeichnungen, die die Leser des deutschen Jugendmagazins „Bravo" der Band in den Siebzigern Jahr für Jahr aufs Neue verliehen.

Silberne Plateaustiefel, wallende Mähnen und ausgefallene Kostüme: ABBA zelebrierte glamouröse Auftritte.

SCHEIDUNGEN VOM PARTNER UND VON DER BAND

Angesichts des bis heute ungebrochenen Verkaufs der CDs, Videos und Platten würde ABBA vielleicht noch immer vor ausverkauften Sälen singen, hätte dem Quartett nicht ausgerechnet das einst so werbetaugliche Liebesleben einen Strich durch die Rechnung gemacht. Agnetha Fältskog war mit Björn Ulvaeus verheiratet, Benny Andersson mit Anni-Frid Lyngstad. Als beide Ehen auf dem Höhepunkt des beruflichen Erfolgs binnen eines Jahres scheiterten, ging es auch mit ABBA bergab. Die Band quälte sich zwar noch bis Ende 1982 über gemeinsame, Harmonie vortäuschende Auftritte hinweg, doch im Dezember 1982 gaben die vier schließlich das Ende von ABBA bekannt.

Auch der Niedergang des Popquartetts ist in dem Museum nachgezeichnet, wenngleich das Ende weniger detailversessen aufgearbeitet wird als die erfolgreichen Zeiten. Den Fans mag das recht sein. Betrauern doch viele noch heute das persönliche Waterloo von Schwedens bekanntesten Stars.

Besuch im ABBA-Museum

Besichtigung und Führung
Abba The Museum, Djurgårdsvägen 68 (neben dem Freizeitpark Gröna Lund); erreichbar mit der Tram Nr. 7, dem Bus Nr. 67 oder der Djurgårdsfähre vom Anleger Slussen

Öffnungszeiten und Eintritt
Juni–Aug. tgl. 9.00/10.00–20.00, Mai, Sept. bis 19.00, Okt.–April 10.00–18.00, Do. bis 20.00 Uhr
Eintritt: 239–299 SEK

www.abbathemuseum.com

Stockholm
Maßstab 1:20.000
0
300m
ÖSTERMALM
NORRMALM
Ladugårdsgärde
Skansberget
Djurgårdsbrunnsviken
DJURGÅRDEN
Skansen
SKEPPSHOLMEN
Kastellholmen
Beckholmen
Waldemarsviken
Strömmen
GAMLA STAN
RIDDARHOLMEN
Riddarfjärden
SÖDERMALM
Stadshuset
Kungliga Slottet
Blasieholmen
Dag Hammarskjöld Väg
Strandvägen
Stadsgårdsleden
Katarinavägen
Folkungagatan
Söder Mälarstrand
Mälarstrand
Centralbron
Skeppsbron
Stadsgårdshamnen
Fotografiska museet
1
2
3
4
5
6
7
8
9
10
11
12
13
14
15
16
17
UPPSALA
VÄSTERÅS
Enköping
Eskilstuna
Strängnäs
Södertälje
STOCKHOLM
Norrtälje
Sigtuna
Märsta
Upplands-Väsby
Vallentuna
Åkersberga
Täby
Sollentuna
Lidingö
Bålsta
Tumba
Västerhaninge
Nynäshamn
Stockholms län
ÖSTERSJÖN
(OSTSEE)
18
19
20
21
Maßstab 1:900.000
0
10km

HAUPTSTADT INMITTEN VON NATUR

Die Ostsee und der Mälaren nehmen die Stadt sanft in den Arm, die vielen Bäume in den Parks und entlang der Straßen hauchen ihr Luft ein. Seit 2005 liegt in Stockholm sogar der erste innerstädtische Nationalpark der Welt. Mitten in der Stadt kann man an nur einem Tag aufregende Museen besichtigen und Lachse angeln.

1 – 19 Stockholm

Stockholm, mit einer Million Einw. (Großraum 2,1 Mio.) die größte Stadt Skandinaviens, liegt am Übergang vom Mälaren in die Ostsee und ist auf insgesamt 14 Inseln erbaut. Als Stadtgründer gilt Birger Jarl, der um 1250 diesen für den Seehandel idealen Platz befestigen ließ. Im 14. Jh. erlangte die Hanse große Bedeutung; viele Deutsche stiegen in wichtige Positionen auf. Seit 1634 ist Stockholm die Hauptstadt Schwedens.

Tipp

Essen der Sieger

Im Stadshuskällaren kann jeder speisen wie ein Nobelpreisträger – ein nicht ganz billiges, aber erlesenes kulinarisches Vergnügen. Wer einige Tage im Voraus bestellt und mit mindestens acht Personen kommt, kann sich jedes Nobelpreismenü seit 1901 servieren lassen. Wie wäre es mit dem Lammrücken, den Heinrich Böll 1972 verspeiste, oder dem Lammfilet, das Günter Grass 1999 hoffentlich schmeckte?

So. geschl., Mo., Di. nur mittags; Hantverkargatan 1 (Stadshus), 105 35 Stockholm, Tel. 08 58 62 18 30, www.stadshuskallarensthlm.se

SEHENSWERT

Am Rande des Mälarsees erhebt sich das 1911 bis 1923 erbaute 1 **Stadshus** (Rathaus) mit seinem gut 106 m hohen Turm. Jedes Jahr im Dezember findet hier das Nobelpreisdinner statt (Hantverkargatan 1, https://stadshuset.stockholm; Besichtigung nur mit Führung, Juni–Aug. tgl. 9.30–16.00 alle 30 Min. auf Englisch, alle 60 Min. auf Deutsch, sonst tgl. 10.00, 11.00, 12.00, 14.00, 15.00, Sept. zusätzl.13.00 Uhr).
Über die Centralbron erreicht man das 1641 bis 1674 im Stil des holländischen Barock erbaute 2 **Riddarhus**, eines der schönsten Herrschaftshäuser der Stadt. Bis 1866, als man die Ständeversammlung auflöste, diente der Rittersaal im ersten Stock als Sitzungssaal des Adels. An den Wänden hängen Wappenschilder der 2330 schwedischen Adelsgeschlechter (Riddarhustorget 10, www.riddarhuset.se; wegen Renovierung voraussichtl. bis März 2025 geschl.). Die wenig entfernte **Riddarholmskyrka** (13. Jh.) ist Begräbniskirche des schwedischen Königshauses. 17 Könige sind hier bestattet, darunter der im Dreißigjährigen Krieg (1618–1648) bei Lützen gefallene Gustav II. Adolf (Mitte Mai–Sept. tgl. 10.00–17.00, Okt., Nov. Sa., So. 10.00–16.00 Uhr).
Das alles beherrschende Gebäude in **Gamla Stan** TOPZIEL ist das 3 **Königliche Schloss**. Es wurde in seiner heutigen Form 1770 fertiggestellt, nachdem der Vorgänger 1697 abgebrannt war. Das Renaissance-Gebäude besteht aus 608 Räumen, von denen einige als königliche Arbeitszimmer dienen. Lohnend ist die Besichtigung der königlichen Gemächer und der Schatzkammer mit den Reichskleinodien (www.kungahuset.se; Mai–Sept. tgl. 10.00 bis 17.00, sonst bis 16.00 Uhr). In der **Schlosskirche** (Mitte Juni–Mitte Aug. tgl. 10.00–17.00, Gottesdienst So. 11.00 Uhr) werden die schwedischen Prinzen und Prinzessinnen getauft. Ohne einen Fotostopp beim **Wachwechsel** ist ein Besuch des Schlosses nicht komplett (Mo. bis Sa. 12.15, So. 13.15 Uhr).
Direkt neben dem Schloss steht die **Storkyrka**, eine der ältesten Kirchen der Stadt (erbaut 1279); die Fassade, wie sie heute zu sehen ist, wurde 1736–1742 im Barockstil umgestaltet (www.stockholmsdomkyrkoforsamling.se; tgl. 9.00–18.00 Uhr). Die Kathedrale dient als Krönungs- und Hochzeitskirche des Königshauses. Auch Kronprinzessin Victoria und Daniel Westling heirateten hier 2010.

Wahrzeichen Stockholms: das Stadshus mit seinem markanten Turm

Der 4 **Stortorg** im Zentrum von Gamla Stan war bis ins 18. Jh. der zentrale Marktplatz der Stadt. Früher wurden hier Verbrecher hingerichtet. Dominierendes Gebäude ist die alte **Börse** (18. Jh.) an der Nordseite des Platzes (heute Nobelpreismuseum, s. S. 114). Unweit vom Stortorg erreicht man im einstigen Viertel der deutschen Kaufleute die **Tyska kyrka**, die Deutsche Kirche (Svartmangatan 16; Mai, Juni tgl. 11.00–15.00, Juli, Aug. 10.30–16.30, sonst Mi., Fr., Sa. 11.00–15.00, So. 12.00–15.00 Uhr). Zunächst als Gildehaus der Hansekaufleute errichtet, wurde sie erst im 16. Jh. zur Kirche umgestaltet. Der 96 m hohe Turm ist der höchste Punkt von Gamla Stan.
Im Stadtteil **Södermalm**, früher das Zuhause von Arbeitern, Prostituierten und Tagelöhnern, wohnen heute viele Künstler und Studenten. Besonders das Viertel am 5 **Mariaberg** mit seinen engen Gassen, alten Häusern und vielen Galerien lohnt einen Besuch.

Der 7 **Sergels torg**, der zentrale Platz im modernen Zentrum, ist alles andere als eine Schönheit. Hier finden politische Demonstrationen und Feiern statt. Auch das **Kulturhus** mit Kunstgalerien, Cafés, Restaurants, Bibliothek und dem Stadttheater befindet sich hier (https://kulturhusetstadsteatern.se).
Der 8 **Kungsträdgården** (Königlicher Garten) ist Treffpunkt für Einwohner und Besucher der Hauptstadt.

MUSEEN

Der prächtige Bau des viel besuchten 10 **Nationalmuseums** (Södra Blasieholmshamnen 2, www.nationalmuseum.se; Di.–So. 11.00–17.00 Uhr) wurde 1866 nach Plänen des deutschen Architekten Friedrich August Stüler errichtet. Sehenswert ist u. a. die ausgezeichnete Sammlung von Werken französischer Maler (darunter Cézanne, Degas, Gauguin, Manet, Monet) sowie schwedischer Künstler. Das 11 **Museum für zeitgenössische Kunst** (Moderna museet) zeigt wichtige schwedische Künstler und internationale Größen wie Picasso, Dali und Matisse. Im gleichen Gebäude ist das **Architekturmuseum** untergebracht (Exercisplan, Skeppsholmen, www.modernamuseet.se; Di.–So. 10.00 bis 18.00, Di., Fr. bis 20.00 Uhr).
Das 4 **Nobelpreismuseum** im Zentrum von Gamla Stan porträtiert die Nobelpreisträger und Alfred Nobel (Stortorget 2, https://nobelprize museum.se; tgl. 10.00–19.00, Fr. bis 21.00 Uhr).
Eine Hauptattraktion des 12 **Historischen Museums** ist der Goldraum im Gewölbekeller, in dem rund 50 kg Gold und 250 kg Silber in Form von unschätzbar wertvollen Kunstgegenständen lagern. Die Wikingerabteilung mit rund 4000 Artefakten ist die wohl größte der Welt (Narvavägen 13–17, www.historiska.se; Mitte Juni–Mitte Aug. tgl. 10.00–18.00, sonst Di.–So. 11.00–17.00, Mi. bis 20.00 Uhr, Eintritt frei).
Djurgården war einst Jagdgebiet der Könige, heute gehört es mit zum Ekoparken (s. rechts). Das hier beheimatete 13 **Nordische Museum** illustriert schwedische Kulturgeschichte. Dauerausstellungen dokumentieren das Werk Strindbergs und beschäftigen sich u. a. mit Trachten und Wohnkultur (Djurgårdsvägen 6–16, www.nordiskamuseet.se; Juni–Aug. tgl. 10.00–17.00, sonst 10.00–18.00, Mi. bis 20.00 Uhr).
Im 14 **Wasamuseum** ist das 1628 gekenterte und 1961 gehobene Flaggschiff der Kriegsflotte Gustav Adolfs ausgestellt. Der restaurierte, 61 m lange und 12 m breite Dreimaster ist in all seiner Pracht zu sehen (Galärvarvsvägen 14, www.vasamuseet.se; Juni–Aug. tgl. 8.30–18.00, sonst 10.00–17.00, Mi. bis 20.00 Uhr).
Der Besuch von 15 **Skansen** ist wie eine Reise durch Schweden vor der Industrialisierung. Bereits 1891 öffnete das älteste Freilichtmuseum der Welt, das auf 300 000 m² rund 190 historische Gebäude aus allen Landesteilen ausstellt (Djurgårdsslätten 49, www.skansen.se; Mai–Sept. 10.00–18.00, April bis 16.00, sonst Mo.–Fr. 10.00–15.00, Sa., So. bis 16.00 Uhr).
2013 eröffnete 16 **ABBA The Museum** (siehe S. 110) direkt neben dem Vergnügungspark **Gröna Lund** (www.gronalund.com; Ende April bis Sept. meist 10.00–23.00 Uhr).

Zwei Facetten einer Stadt: Oben der Blick vom Stadshus auf das „alte" Stockholm, rechts das „moderne" Stockholm am Sergels torg.

Am gegenüberliegenden Ufer befindet sich das 17 **Fotografiska**, das größte Fotomuseum Nordeuropas, mit regelmäßigen Wechselausstellungen (Stadsgårdshamnen 22, https://stockholm.fotografiska.com; tgl. 10.00–23.00 Uhr, Ticketkauf nur mit Kreditkarte).

UMGEBUNG

Unbedingt besuchen sollte man das prachtvolle 18 **Schloss Drottningholm** TOPZIEL (17. Jh.) auf der Mälarinsel Lövön, seit 1991 Teil des UNESCO-Weltkulturerbes. Besonders opulent sind das Schlafzimmer von Königin Hedwig Eleonora und die Rokokobibliothek von Königin Luise Ulrika. Im barocken Schlosstheater werden bei Aufführungen originale Bühnenbilder benutzt (www.kungligaslotten.se; Mai–Sept. tgl. 10.00–17.00, sonst Sa., So. 10.00–16.00 Uhr).
Der 19 **Haga Park** wurde von König Gustav III. Ende des 18. Jh. im Stil eines englischen Parks angelegt. Sehenswert sind die Kupferzelte der Leibgarde und das Schmetterlingshaus. Schloss Haga ist Wohnsitz des Thronfolgerehepaars. Der Park ist Teil des **Ekoparken** TOPZIEL, des ersten in einer Stadt ausgewiesenen Nationalparks, eingerichtet 1994. Der Ekoparken umfasst auch Teile des **Schärengartens**.

HOTELS

Im €€€€ **Grand Hôtel** (Södra Blasieholmshamnen 8, Tel. 08 6 79 35 00, https://grandhotel.se) übernachten seit seiner Eröffnung die Reichen und Schönen; auch die Nobelpreisträger nächtigen hier jedes Jahr.
Das € **Af Chapman** (Flaggmansvägen 8, Tel. 08 4 63 22 80, www.swedishtouristassociation.com) ist keine normale Jugendherberge. Wer auf dem 1888 erbauten Dreimaster übernachten will, muss Monate im Voraus reservieren. Vom Deck aus genießt man den denkbar besten Blick auf das Königliche Schloss.

RESTAURANTS

Südlich der Folkungagatan („South of Folkungagatan"/**SoFo** – der Name ist eine Anlehnung an Soho in London) beginnt Södermalms Ausgehbezirk mit allerlei Restaurants, Kneipen sowie Mode- und Designgeschäften.
Das €€ **Restaurant Pelikan** (Blekingegatan 40, Tel. 08 55 60 90 90) bietet Hausmannskost. Es war das Stammlokal des Dichters und Komponisten Carl Michael Bellmann (1740–1795).

KONZERT UND THEATER

Die 6 **Kungliga Opera** von 1898 ist das Haus der Schwedischen Nationaloper und des Balletts (Gustav Adolfs torg, www.operan.se; außerhalb der Vorstellungen Zutritt nur im Rahmen einer Führung).
Der imposante Bau des 9 **Dramaten** am Nybroplan ist Sitz des schwedischen Nationaltheaters. Die reich ornamentierte Fassade orientiert sich am Wiener Jugendstil (Nybroplan, www.dramaten.se;Tickets im Internet oder unter Tel. 08 6 67 06 80).

DER EKOPARKEN, DER ERSTE NATIONALPARK, DER IN EINER STADT AUSGEWIESEN WURDE, UMFASST AUCH TEILE DES SCHÄRENGARTENS.

SHOPPING
Die **Drottninggatan** ist die wichtigste Einkaufsstraße im Zentrum von Stockholm. Sie führt von Gamla Stan quer durch Norrmalm. Am Südende der Straße findet man eher Souvenirgeschäfte und günstige Läden, in der Gegend um den Sergels torg große Kaufhäuser und weiter im Norden teurere Boutiquen.

20 Sigtuna

Heute eine idyllische Kleinstadt (51 000 Einw.) mit hübschen Holzhäusern aus dem 18. und 19. Jh., war Sigtuna im 11./12. Jh. Bischofssitz, verlor aber mit dem Aufstieg von Uppsala und Stockholm im ausgehenden Mittelalter an Bedeutung.

SEHENSWERT
Sehenswert sind das kleinste **Rathaus** Schwedens (18. Jh.) und die **Marienkirche** (13. Jh.) sowie das **Museum** mit Funden aus dem Mittelalter und der Wikingerzeit (Stora gatan 55, www.sigtunamuseum.se; Juli, Aug. tgl. 12.00 bis 16.00 Uhr, sonst nur Di.–So.).
In der Umgebung lohnt der Besuch von **Skokloster** (20 km nordwestl.), dem größten privat erbauten Palast Schwedens (www.skoklostersslott.se; Juni–Aug. tgl. 11.00–17.00, Sept., Okt. bis 16.00 Uhr).

INFORMATION
Destination Sigtuna,
Stora gatan 33, 19330 Sigtuna,
Tel. 08 59 12 69 60,
http://destinationsigtuna.se

21 Uppsala

1273 wurde Uppsala Bischofssitz, 1477 öffnete hier die erste Universität Nordeuropas ihre Türen. Studenten bestimmen bis heute das Bild der lebhaften Stadt (245 000 Einw.).

SEHENSWERT
Der gotische **Dom TOPZIEL** (1270–1435) gehört zu den eindrucksvollsten Gotteshäusern in Nordeuropa (www.uppsaladomkyrka.se; tgl. 8.00–18.00 Uhr). Hier sind die Könige Gustav Wasa (1496–1560) und Johan III. (1532–1597) sowie der Botaniker Carl von Linné (1707 bis 1778) beigesetzt.
In der **Universitätsbibliothek** Carolina Rediviva (Dag Hammarskjölds väg 1, www.ub.uu.se) bewahrt man den Codex Argenteus auf, eine berühmte, im 6. Jh. im norditalienischen Ravenna gefertigte Silberbibel.
Auf einem Hügel liegt das 1549 auf Befehl Gustav Wasas erbaute **Schloss** (www.vasaborgen.se), das heute das Kunstmuseum und den Sitz des Regierungspräsidenten beherbergt.

INFORMATION
Destination Uppsala,
www.destinationuppsala.se;
Mehrere Infopoints in der Stadt, u. a. im Stadshus, Stadshusgatan 2

NEUES BAUEN BRAUCHT DAS LAND

Überall werden Kinderwagen geschoben, ein Plakat wirbt für nachhaltig produzierte Babykleidung. Im Eisladen belohnt eine Mutter ihr Kind mit einem Vanilleeis. Ein paar Schritte weiter startet ein Mittvierziger mit Bart, Glatze, blauem T-Shirt den Motor seiner Jacht. Sie ist allenfalls fünf Meter lang, nichts Großes. Von Hammarby Sjöstad aus sticht der Mittelstand in See.

Das Viertel am Rande der Innenstadt ist das neueste Stadtentwicklungsprojekt in Stockholm. In den vergangenen Jahren sind hier 11 500 Wohnungen und mehr als 5000 neue Arbeitsplätze entstanden. Hammarby Sjöstad will Maßstäbe setzen, in Sachen Nachhaltigkeit ein weltweites Vorbild sein. Bis in die 1980er-Jahre hinein dampften in Lugnets industriområde, wie das Viertel damals noch hieß, die Schlote. Als die Fabriken eine nach der anderen dichtmachten, hinterließen sie ein Gebiet, in dem der Boden voller Schadstoffe und das Wasser verschmutzt war.

Boote und Fahrräder – zwei Verkehrsmittel, die man in Hammarby Sjöstad häufig sieht.

Autos, nein danke! Wenn man heute durch Hammarby Sjöstad spaziert, fallen vor allem die vielen Sitzgelegenheiten auf: Bänke und breite, bequeme Holzstufen, die zum Wasser hinabführen. Nie ist der Weg weit zum Meer, nie weit zum nächsten Park. Grün gibt's aber nicht nur am Boden, selbst auf einigen Dächern wachsen Bäume. Parkplätze sind in Hammarby Sjöstad dagegen selten. Statistisch gesehen hat nur jeder zweite Haushalt ein Auto. Im Viertel nutzen viele das Fahrrad, ins Stadtzentrum geht es mit der kostenlosen Fähre oder dem Bus – der mit Biogas betrieben wird. Müllwagen sucht man vergebens in dem Viertel. Der Abfall wird unterirdisch in Röhren durch Unterdruck zu einer Sammelstelle befördert. Zwei Kraftwerke verbrennen ihn, und mit der so gewonnen Energie werden die Häuser geheizt.

Infos unter www.hammarbysjostad.se/en/hammarby-sjostad.
Anreise mit dem Bus von T-Centralen u. a. mit den Linien 491, 496 und 25 C; oder man fährt mit der U-Bahn bis Gulsmarsplan und steigt dort in die Straßenbahnlinie 22 um.

HILFREICH & NÜTZLICH

Wie reist man hin? Was isst man dort? Was kostet das? Auf diese und viele andere Fragen zu Schwedens Süden gibt unser Serviceteil Antwort – von A bis Z.

Schwedisches Knäckebrot wurde früher traditionell zum Trocknen aufgehängt.

Anreise

Auto/Fähre: Die Öresundbrücke (Maut) verbindet Kopenhagen mit Malmö. Fährgesellschaften wie Stena Line und TT-Line steuern von Rostock bzw. Travemünde Trelleborg an; Finnlines pendelt zwischen Travemünde und Malmö. An die schwedische Westküste nach Göteborg geht es mit Stena-Line-Fähren ab Kiel nach Göteborg.
Bahn: ICE/EC von Hamburg nach Kopenhagen und über die Öresundbrücke weiter nach Malmö. Ein Nachtzug verbindet im Sommer Berlin und Hamburg mit Stockholm.
Flugzeug: Folgende Flughäfen werden für Südschweden-Urlauber von Interesse sein: Stockholm-Arlanda, Stockholm-Skavsta (bei Nyköping), Göteborg-Landvetter und Småland Airport in Växjö sowie Flughafen Kopenhagen (Dänemark).
Bus: Flixbus fährt von norddeutschen Großstädten nach Malmö, Göteborg und Stockholm.

Auskunft

Visit Sweden: https://visitsweden.com

Autofahren

(Abblend-)Licht ist immer Pflicht. Die zulässige **Höchstgeschwindigkeit** außerhalb geschlossener Ortschaften liegt bei 90 km/h, auf Autobahnen bei 110 km/h; für Wohnwagengespanne gilt eine Höchstgeschwindigkeit von 80 km/h. Für **Alkohol am Steuer** gilt eine 0,2-Promille-Grenze.

Botschaften

Deutsche Botschaft:
Skarpögatan 9, 115 27 Stockholm,
Tel. 08 6 70 15 00, www.stockholm.diplo.de

Österreichische Botschaft:
Banérgatan 10, 114 58 Stockholm,
Tel. 08 6 65 17 70 (9.00–15.00 Uhr),
www.bmeia.gv.at/oeb-stockholm/

Schweizer Botschaft:
Valhallavägen 64, 114 27 Stockholm,
Tel. 08 6 76 79 00,
www.eda.admin.ch/stockholm

Essen und Trinken

Der Ruf der **schwedischen Küche** hat sich in den vergangenen Jahren grundlegend gebessert, besonders die Spitzengastronomie muss keinen Vergleich scheuen. Neben der Kochkunst zeichnen hochwertige regionale Zutaten Schwedens Haute Cuisine aus – insbesondere Fisch, Meeresfrüchte, Elch- und Rentierfleisch.
Restaurants: Trinkgeld zu geben, ist nicht üblich. Bemerkenswert ist, dass die Top-Restaurants preislich nicht über deutschem Niveau liegen. In einfachen Restaurants und selbst Hamburgerbuden muss man dagegen deutlich tiefer in die Tasche greifen als zu Hause. Die in diesem Band gegebenen Restaurantempfehlungen enthalten Preisangaben wie folgt:

Preiskategorien

€€€€	Hauptspeisen	über 35 €
€€€	Hauptspeisen	25–35 €
€€	Hauptspeisen	15–25 €
€	Hauptspeisen	unter 15 €

Essenszeiten: Das **Mittagessen** heißt auf Schwedisch *lunch*, das **Abendessen** – sehr zur Verwirrung vieler Touristen – *middag*. Viele Restaurants bieten zwischen 11.00 und 14.00 Uhr ein vergleichsweise günstiges **Tagesgericht** *(dagens rätt)* an, zu dem kostenlos Brot, Butter, Salat, Wasser und Kaffee gereicht werden.
Hauptspeisen: Kalorienreiches Essen und gut haltbare Lebensmittel sind die Charakteristika schwedischer Küche, die damit den Ansprüchen von schwer arbeitenden Fischern und Bauern und dem langen schwedischen Winter ohne Frischkost Tribut zollte. Die zahlreichen Variationen von eingelegtem Hering sind hierfür ein Beispiel, gebeizter **Lachs** (*gravlax*) ein weiteres. Der Lachs wurde ursprünglich gesalzen und im Boden vergraben, um ihn haltbar zu machen – *grav* bedeutet „graben". Auch das **Knäckebrot** ist ursprünglich wegen seiner langen Haltbarkeit „erfunden" worden.
Typisch schwedisch sind auch **köttbullar** (ausgesprochen: „schöttbullär"). Richtig zubereitet sind die Fleischbällchen durchaus eine Leckerei, für die früher jede Familie ihr ureigenes Rezept hatte – und oft noch hat. Durch die Fast-Food-Versionen haben sie aber viel von ihrem guten Ruf eingebüßt.
Getränke: Schweden sind starke Kaffeetrinker. Die **fika**, die Kaffeepause, hat landesweite Tradition. Dabei trinkt man gemütlich ein Tässchen Kaffee und isst ein Gebäckstück, am liebsten eine **kanelbulle** (Zimtschnecke).
Alkohol, mit Ausnahme von leichtem und mittelstarkem Bier, erhält man nur bei **Systembolaget**, den staatlichen Monopolgeschäften.

Einkaufen

Staatlich festgelegte **Öffnungszeiten** gibt es in Schweden nicht. Geschäfte sind im Allgemeinen werktags von 9.00 bis 18.00, samstags von 9.00 bis 14.00, teils bis 16.00 Uhr geöffnet. Die großen Supermärkte und Warenhäuser haben bis 20.00, teils bis 22.00 Uhr geöffnet, viele von ihnen auch am Sonntag zwischen 12.00 und 16.00 Uhr. Banken öffnen montags bis freitags von 9.30 bis 15.00 Uhr, am Donnerstag bis 18.00 Uhr. Die **Rückerstattung der Mehrwertsteuer** (Tax Free) ist für Schweizer möglich, nicht aber für Bürger aus EU-Staaten.

Feiertage, Feste, Ferien

Folgende Tage sind in Schweden **Feiertage**, an denen auch die Geschäfte geschlossen bleiben: Neujahr, Heilige Drei Könige (6. Januar), Karfreitag, Ostermontag, Tag der Arbeit (1. Mai), Himmelfahrt, Schwedischer Nationalfeiertag (6. Juni), Mittsommer, Allerheiligen (1. Nov.), Heiligabend, 1. und 2. Weihnachtsfeiertag sowie Silvester.
Besonders ausgelassen wird das **Mittsommerfest** gefeiert, und zwar immer am Wochenende, das dem 24. Juni am nächsten liegt. Hierbei wird ein großer oder kleiner, mit Blumen und Zweigen geschmückter Baumstamm aufgestellt. Im Kreis von Freunden und Familie wird gegessen, getrunken und bei Musik und Tanz die Sommersonnwende gefeiert.
Die **Sommerferien** beginnen in Schweden Anfang/Mitte Juni und enden Mitte/Ende August. Viele Museen, vor allem auf dem Land, haben daher in der Sommersaison kürzere Öffnungszeiten als in der vermeintlichen Nebensaison.

In Stockholms Markthallen erlebt man den kulinarischen Reichtum Skandinaviens mit allen Sinnen.

Geld

Zahlungsmittel ist die Schwedische Krone (SEK). Im Umlauf sind Banknoten zu 1000, 500, 100, 50 und 20 Kronen sowie Münzen zu 10, 5 und 1 Krone. Bargeldloses Zahlen ist selbst bei Kleinstbeträgen absolut üblich. Mehr noch: Viele Restaurants, Sehenswürdigkeiten, Tankstellen etc. akzeptieren kein Bargeld mehr. Umrechnungskurs: 10 SEK = 0,09 Euro, 1 Euro = 11,5 SEK. Aktuelle Wechselkurse unter https://bankenverband.de/currency-converter

Gesundheit

Mit der Europäischen Krankenversicherungskarte (EHIC) haben gesetzlich Versicherte aus Deutschland und Österreich Anspruch auf eine notwendige ärztliche Hilfe. Dennoch empfiehlt sich der Abschluss einer privaten Auslandskrankenversicherung, die u. a. auch den Krankenrücktransport abdeckt. Bei akuten Erkrankungen und Unfällen wendet man sich an die Unfallambulanzen der Krankenhäuser (*akutmottagningen*). Leichte Schmerzmittel u. Ä. gibt es in Supermärkten, sonstige Medikamente in Apotheken, meistens nur auf Rezept.

Jedermannsrecht

Das schwedische Jedermannsrecht (*allemans rätten*) gestattet es u. a., wilde Blumen und Beeren zu pflücken und Pilze zu sammeln. Nicht gepflückt werden dürfen jedoch alle unter Naturschutz stehenden Pflanzen. Weiter gestattet das Jedermannsrecht, sich frei in der Natur zu bewegen. Auch eingezäuntes Gelände darf man durchqueren. Dass man Tore und Gatter wieder hinter sich schließt, ist selbstverständlich; Zäune von Hausgrundstücken dürfen aber keinesfalls überklettert werden. Campen ist außerhalb der Sichtweite von bewohnten Häusern für eine Nacht erlaubt, größere Gruppen benötigen dafür jedoch die Erlaubnis des Grundeigentümers.

Ausführliche Informationen erhält man auf der Website des schwedischen Tourismusverbands https://visitsweden.de (Suchbegriff „Jedermannsrecht in Kürze").

Notruf

Rettung, Polizei, Feuerwehr: Tel. 112
Pannenhilfe: Tel. 020 91 00 40
Kreditkartenverlust: Tel. +49 116 116 (für Deutschland)

Reisedokumente

Schweden gehört zum **Schengen-Raum**. Um sich auszuweisen, sind dennoch Personalausweis oder Reisepass mitzuführen.
Hunde und andere Haustiere dürfen nach Schweden mitgenommen werden, sofern man einen **EU-Kleintierausweis** vorlegen kann. Die Tiere müssen tätowiert, nachweisbar gegen Tollwut geimpft und entwurmt sein.

Reisezeit

Klima: Das Klima in Schweden ist deutlich milder, als es die nördliche Lage vermuten ließe. Grund ist vor allem die Nähe zum Atlantik mit dem Golfstrom. Niederschläge fallen im Sommer und im Herbst etwas reichhaltiger aus, wobei der Osten niederschlagsärmer ist als die Westküste. Am wenigsten regnet es auf den Inseln in der Ostsee. Gotland ist die Sonnenstube ganz Schwedens.
Sommer: Die Sommerreisesaison der Schweden erstreckt sich von Mitte Juni (nach Mittsommer) bis Mitte August. In Süd- und Mittelschweden kann man zwar keine Mitternachtssonne erleben, trotzdem sind die hellen Nächte, bei denen der Sonnenaufgang fast übergangslos an den Sonnenuntergang anschließt, für Mitteleuropäer ein einmaliges Erlebnis. Während dieser Zeit sind vor allem die Ferienregionen an der westschwedischen Küste und auf Gotland und Öland gut gebucht. In den Großstädten Stockholm, Göteborg und Malmö geht es während der Sommerwochen ruhiger zu; wer stressfrei Stadturlaub machen will, ist also von Mitte Juni bis Mitte August dort richtig. Von Anfang Mai bis Mitte Juni scheint oft schon die Sommersonne, doch in den Ferienorten herrscht deutlich weniger Betrieb. Auch von Mitte August bis Mitte September ist es in den Lieblingsorten der Schwedenurlauber ruhig, und in Südschweden kann man häufig noch perfektes Sommerwetter genießen.
Herbst/Winter: Mitte September bis Mitte/Ende Oktober leuchten die Bäume in Rot- und Gelbtönen. Der November ist meist grau und düster. Der Dezember lebt von der festlichen Stimmung der Vorweihnachtstage. Oft kann man in Südschweden knackige Winter mit tiefen Temperaturen bei klarem Himmel genießen. Wer zum Skilanglauf nach Mittelschweden reist, für den sind März und für etwas weiter nördlicher gelegene Regionen auch der April gute Reisemonate. Dann liegt meist noch ausreichend Schnee, und die Sonne lässt sich bereits länger sehen.

Info

Daten & Fakten

Landesnatur: Schweden, das drittgrößte Land Westeuropas, misst 450 000 km². Das im Band besprochene Gebiet umfasst etwa 150 000 km². Die größten Seen liegen im Süden Schwedens: Vänern (5519 km²), Vättern (1886 km²), Mälaren (1090 km²). Zum Vergleich: Der Bodensee misst 536 km². Der mit 2117 m höchste Berg, der Kebnekaise, liegt in Nordschweden. Der Süden des Landes ist relativ flach; bei Örebro liegt der Svinhöjden mit 436 m.
Bevölkerung: Schweden zählt 10,5 Millionen Einwohner, von denen die Mehrzahl im Süden des Landes beheimatet ist. Mehr als zwei Millionen Menschen leben im Großraum Stockholm. Schwedisch ist Amtssprache.
Regierungsform: Schweden ist eine parlamentarisch-demokratische Monarchie mit König Carl XVI. Gustaf als Staatsoberhaupt. Im Stockholmer Parlament, dem Riksdag, sitzen 349 Abgeordnete. Gegenwärtiger Regierungschef ist Ulf Kristersson von der bürgerlich-konservativen Moderata samlingspartiet (M).
Wirtschaft: Die wichtigsten Exportgüter sind Papierprodukte, Elektronik- und Computerzubehör, Autos, Maschinen, chemische und pharmazeutische Produkte, Eisen und Stahl sowie Lebensmittel. Fast alle großen Industriebetriebe – mit Ausnahme einiger Papierfabriken – liegen im Süden des Landes.

Sprache

Schwedisch ist eine nordgermanische Sprache, die jahrhundertelang unter dem Einfluss des Deutschen stand. Daher kann man beim geschriebenen Wort so manche Bedeutung erahnen. Auffallend ist ein für Ausländer ungewohntes Auf und Ab in der Sprachmelodie. Dafür ist die Grammatik relativ einfach. So gibt es beispielsweise mit Ausnahme des Genitiv-s keine Kasusendungen.
Fast jeder Schwede spricht gut Englisch, und auch Deutschkenntnisse sind weit verbreitet.

Telefon

Vorwahl für Anrufe nach Deutschland: +49, nach Österreich: +43, in die Schweiz: +41. Vorwahl für Anrufe nach Schweden ist +46, gefolgt von der Ortsvorwahl ohne 0 und der Teilnehmernummer.

Unterkunft

Hotels: Die Hauptklientel zahlreicher Hotels in schwedischen Städten sind Geschäftsreisende. Paradoxerweise kann man als Tourist genau von diesem Umstand profitieren, denn an Wochenenden und im Sommer während der Urlaubssaison ist das Übernachten besonders günstig.

Preiskategorien

€€€€	Doppelzimmer	über 200 €
€€€	Doppelzimmer	150–200 €
€€	Doppelzimmer	100–150 €
€	Doppelzimmer	unter 100 €

Camping: Campingplätze findet man in Schweden fast überall: 500 Campingplätze mit 75 000 Stellplätzen, 9000 Ferienhäusern und -hütten gehören dem schwedischen Campingverband SCR an (Buchung über https://store.camping.se). Wer auf einem Campingplatz übernachten will, muss die Campingkarte „Camping Key Europe" vorlegen, die man für 199 SEK unter https://camping.se/de/cke bestellen kann. Mitglieder des ADAC können den Camping Key Europe beim ADAC für 12 € beziehen. Die Karte gilt für 12 Monate ab Ausstellung und bietet zusätzlich Ermäßigungen beim Besuch einiger Sehenswürdigkeiten sowie für Fährüberfahrten.
Zu den Besonderheiten beim Campen in Bezug auf das schwedische **Jedermannsrecht** siehe eigenes Stichwort auf S. 118.
Ferienhaus: Viele Touristen erfüllen sich mit dem Urlaub im Ferienhaus ihren speziellen Schwedentraum. Die Angebote sind vielfältig und reichen von der rustikalen Hütte ohne fließendes Wasser bis zur Luxusvilla mit Whirlpool auf der Veranda. Es empfiehlt sich – der größeren Auswahl wegen – auch für die Nebensaison im Voraus zu buchen. Preislich ist das meist auch günstiger.
Anbieter (Auswahl): Novasol (www.novasol.de), Casamundo (www.casamundo.de), Kria-Tours (www.kria-tours.de), www.fewo-direkt.de, https://besuchschweden.de. Auch viele Touristinfos vermitteln auf ihren Internetseiten Ferienwohnungen und -häuser.
Jugendherbergen: Jung muss man nicht unbedingt sein, um in Schwedens Jugendherbergen zu übernachten. Eine Altersbeschränkung gibt es nämlich nicht. In den 400 Häusern – mehr als die Hälfte davon liegt in Südschweden – ist jeder ein gern gesehener Gast. Daher heißen die Häuser auch nicht Jugendherbergen, sondern „Wandererheim" (*vandrarhem*). Das Spektrum reicht von einfachen Unterkünften bis zu Häusern mit Hotelstandard. Je nach Qualität muss man mit einem Übernachtungspreis von 200–600 SEK pro Person rechnen.
Eine Mitgliedschaft im Jugendherbergsverband ist nicht notwendig, wird aber mit Preisnachlässen belohnt.
Besonders originell ist es, sich auf einem Schiff (Stockholm), in einem ehemaligen Gefängnis (ebenfalls Stockholm, beide S. 63) oder einer Festung (Varberg) einzuquartieren.
Informationen: Svenska Turistförening (STF), Box 17251, 104 62 Stockholm, Tel. 08 4 63 21 00, www.svenskaturistforeningen.se
Urlaub auf dem Bauernhof: Rund 250 Bauernhöfe bieten Übernachtungen für Gäste an. Informationen: Bo på Lantgård, Laxne Vretstugans Gård 1, 647 92 Mariefred, Tel. 072 5 04 03 06 (werktags 15.00–17.00 Uhr), www.bopalantgard.se

Info

Wetterdaten Malmö

	TAGES-TEMP. MAX.	TAGES-TEMP. MIN.	WASSER-TEMP.	TAGE MIT NIEDER-SCHLAG	SONNEN-STUNDEN PRO TAG
Januar	2°	-2°	3°	12	1
Februar	2°	-2°	2°	9	2
März	5°	-1°	3°	10	4
April	10°	3°	5°	9	6
Mai	16°	7°	9°	8	9
Juni	20°	11°	14°	8	9
Juli	21°	13°	16°	9	8
August	21°	13°	16°	8	7
September	17°	10°	14°	9	6
Oktober	13°	7°	12°	10	3
November	7°	3°	8°	11	1
Dezember	4°	0°	5°	11	1

Info

Geschichte

3000 v. Chr. Erste menschliche Besiedlung
1500 v. Chr. Bronzezeit, Felsritzungen
9. Jh. Beginn der Christianisierung
Um 900 Die schwedischen Wikinger gelangen bis zum Kaspischen Meer.
1008 Taufe von König Olof Skötkonung
13. Jh. Schwedische Expansion nach Finnland. Die Hanse gewinnt an Einfluss.
1397 Kalmarer Union: Vereinigung der Königreiche Schweden, Dänemark und Norwegen unter der dänischen Königin Margarethe
1520 Der dänische König Christian II., damals auch schwedischer Herrscher, lässt im „Stockholmer Blutbad" schwedische Adlige hinrichten. Durch einen Volksaufstand unter Führung von Gustav Eriksson Wasa wird er vertrieben.
1523 Gustav Wasa wird König. 1527 führt er die Reformation ein.
1630 König Gustav II. Adolf greift in den Dreißigjährigen Krieg ein; er fällt 1632 in der Schlacht von Lützen.
1648 Im Westfälischen Frieden wird Schweden zur führenden Macht in Nordeuropa.
1700–1721 Mit dem Großen Nordischen Krieg gegen Russland, Sachsen-Polen und Dänemark endet die schwedische Vorherrschaft über den Ostseeraum.
1719–1772 Während der Freiheitszeit entwickelt sich ein parlamentarisches System; der König verliert weitgehend an Einfluss.
1772 Gustav III. stellt die absolutistische Monarchie wieder her. 1792 wird er auf einem Maskenball erschossen.
1809 In den Napoleonischen Kriegen steht Schweden auf der Verliererseite und muss Finnland an Russland abtreten.
1810 Der französische Marschall Jean Baptiste Bernadotte wird vom kinderlosen Karl XIII. adoptiert und besteigt 1818 als Karl XIV. Johan den Thron.
1814–1905 Union mit Norwegen
1939–1945 Schweden bleibt im Zweiten Weltkrieg neutral und kann durch Zugeständnisse an Deutschland die Besetzung verhindern.
1973 Thronbesteigung Carl XVI. Gustaf
1986 Ministerpräsident Olof Palme wird ermordet.
1995 Beitritt zur EU
2015–2017 Während der internationalen Flüchtlingskrise nimmt Schweden, bezogen auf die Einwohnerzahl, mehr Menschen auf als jedes andere europäische Land.
2024 Als Folge des Ukrainekriegs tritt Schweden als 32. Mitgliedsland der NATO bei.

REGISTER

Fette Ziffern verweisen auf Abbildungen

IMPRESSUM

DuMont Bildatlas Schweden Süden, 7. Auflage 2025
ISBN 978-3-616-01244-5

Redaktion: Elke Schäle-Schmitt
Text: Rasso Knoller
Exklusiv-Fotografie: Olaf Meinhardt
Titelbild: Huber Images/Günter Gräfenhain (Sommerhaus bei Bengtsfors)
Zusätzliches Bildmaterial: S. 3 u.: Olaf Meinhardt; 8/9: glowimages/Deposit; 18/19: lookphotos/Franz Marc Frei; 20 l.: mauritus images/John Warburton-Lee/Mark Hannaford; 21 o.: Getty Images/Anders Blomqvist; 21 M. r. mauritius images/United Archives; 21 M. l.: Rasso Knoller; 30 l.: mauritius images/imagebroker/Günter Grüner; 30 r.: Getty Images/Julia Sjoberg; 31 o. l.: mauritius images/Alamy; 31 o. r.: mauritius images/Christian Bäck; 31 u.: laif/Gollhardt/Wieland; 33 r., 34 u.: DuMont Bildarchiv/Michael Riehle; 53: mauritius images/Alamy/Johnér Images; 62 l./r., 63 o.: Rasso Knoller; 63 u.: laif/Kontinent/Moa Karlberg; 66 o. l.: Getty Images/Danita Delimont; 66 o. r.: DuMont Bildarchiv/Michael Riehle; 66 u.: mauritius images/Pictures Colour Library/Alamy/Alamy Stock Photos; 82 l.: mauritius images/imagebroker/Daniel Schoenen; 83: mauritius images/Alamy; 95 r. o.: mauritius images/Johnér Images; 96 r. o.: DuMont Bildarchiv/Michael Riehle; 115 l./r.: mauritius images/Alamy/Johnér Images; 120 l.: picture-alliance/dpa-tmn/Bernd F. Meier; 120 r.: mauritius images/Alamy/david a eastly; 121 o.: mauritius images/Alamy/Jeffrey Blackler, 121 u.l.: picture-alliance/Scanpix/Claudio Bresciani
Grafische Konzeption: fpm factor product münchen
Layout und Covergestaltung: CYCLUS · Visuelle Kommunikation, Stuttgart
Kartografie: © KOMPASS-Karten GmbH, A-6020 Innsbruck; MAIRDUMONT, D-73751 Ostfildern; Kartografie Lawall, D-72669 Unterensingen (Karten für „Unsere Favoriten")
Reproduktionen: PPP Pre Print Partner, GmbH & Co. KG, Köln

Lob oder Kritik? Wir freuen uns auf eine Nachricht! Trotz gründlicher Recherche schleichen sich manchmal Fehler ein. Wir bitten um Verständnis, dass der Verlag dafür keine Haftung übernehmen kann.
Redaktion DuMont Reise · MAIRDUMONT · info@dumontreise.de

Anzeigenvermarktung: MAIRDUMONT MEDIA,
Tel. 0711/4502-0, Fax 0711/4502-1012, media@mairdumont.com, http://media.mairdumont.com

Printed in Germany

Urlaub erinnern ...

Jeder Urlaub geht einmal zu Ende. Was bleibt, sind die Mitbringsel, aber auch die Erinnerungen an Land und Leute, an Aromen, Düfte und manche Kuriosität.

DANKE!

Die Schweden sind die Weltmeister im Danksagen. Egal was man bekommt oder für einen getan wird, man bedankt sich mit einem freundlichen „Tack" – und mit einem „Tack tack" fürs Bedanken. Mein Lieblingsmitbringsel ist daher die schwedische Freundlichkeit. Nach jeder Reise versuche ich sie möglichst lange in den deutschen Alltag hinüberzuretten.

ZERBRECHLICHE SCHÖNHEIT

Souvenirs für die Daheimgebliebenen sind eine schwierige Sache. Kitschig, überflüssig oder einfach nur hässlich – in diese Kategorie fallen die meisten Mitbringsel. Schwedische Glaswaren – am besten gekauft in einer Glashütte in Småland – sind da die perfekte Alternative.

SOMMERGEFÜHL

Kann man ein Gefühl mit nach Hause nehmen? Ich jedenfalls versuche das. Jedes Mal wenn ich aus Schweden zurückfahre, packe ich mir ein bisschen Sommer ins Gepäck. Den nordischen Sommer, in dem eine übereifrige Sonne die Nacht zum Tage macht, würde ich am liebsten immer in mir tragen. Wenn ich mal eine kleine Gedankenunterstützung brauche, dann höre ich die größte schwedische Sommerschnulze aller Zeiten – die heißt ganz passend „Sommartider". Spätestens dann ist es wieder da, das ganz besondere schwedische Sommergefühl.

VIDEO MIT ABBA

Ein „Waterloo" war mein „Liveauftritt" zusammen mit ABBA irgendwie schon. Zu Hause lachen wir aber immer noch gern über den Mitschnitt, der mich mit den vier Weltstars auf der Bühne zeigt. Zugegeben, ich bin nie zusammen mit Agnetha, Anni-Frid, Björn und Benny aufgetreten, aber modernste Technik macht es möglich, dass es zumindest so aussieht. Im ABBA-Museum in Stockholm können sich Fans mit den Stars aufnehmen lassen.

SO VIEL ZEIT MUSS SEIN

Die *fika*, die Kaffeepause, ist das Herzstück schwedischer Kultur. Zum Kaffee gibt es meistens eine Zimtschnecke (*kanelbulle*). Eine Packung schwedischer Kaffee und ein paar Zimtschnecken gehören deswegen immer ins Rückreisegepäck. Mit einer *fika* zu Hause lässt sich das Schwedengefühl noch ein paar Tage länger auskosten.

MORD AUF DEM PAPIER

Ein Schwedenkrimi kann Reisevorbereitung und Souvenir zugleich sein. Viele Autoren beschränken sich nicht darauf, einen Mordfall zu lösen, sondern gewähren Einblicke in die schwedische Gesellschaft.

»ICH WOHNE IN DEM SCHÖNSTEN LAND DER WELT, HIER GIBT ES ALLES, VOM LICHTEN UND LÄCHELNDEN BIS ZUM DUNKLEN UND ERNSTEN, OFT AUF DIE BEZAUBERNDSTE WEISE GEMISCHT.«

Astrid Lindgren

GEMEINSAM SIND WIR STARK

Die Parks sind sauber, niemand drängelt sich vor, in Bussen und Bahnen wird weder geschoben noch geschimpft. Die schwedische Lebensweise scheint so viel entspannter als unsere eigene. Wenn wir ein bisschen schwedischen Gemeinsinn von unseren Reisen in den Norden mit zurückbringen, dann könnte es hier genauso sein. Einfach mal probieren!

SÜSSE NATUR

Die Schweden sind Naturmenschen. Auch mitten im Winter schnallen sie sich den Rucksack auf den Rücken, und los geht's auf eine entspannte fünfstündige Skitour. Als süße Erinnerung an solche Ausflüge nehme ich immer ein paar Riegel Kex mit zurück nach Deutschland. Kex sind Schokoladenwaffeln und gehören, warum auch immer, neben einer Thermoskanne mit heißer Schokolade, in jeden schwedischen Wanderrucksack.

KITSCH MIT KÖNIGIN

Und jetzt doch noch: Kitsch! Wie wäre es mit einer Tasse mit dem Königspaar drauf? Warum? Weil Königin Silvia in Heidelberg geboren ist und damit die einzige „Deutsche“ auf einem royalen Thron – weltweit.

LUST AUF MEHR ...

Ich habe in Schweden gelebt und das Land darüber hinaus bestimmt drei Dutzend Mal besucht. Eigentlich war ich schon überall. Nur auf die Nationalparkinsel Gotska Sandön, vierzig Kilometer nördlich von Gotland, habe ich es bisher noch nie geschafft. Das ist mein nächstes Ziel. Und Ihres?

DUMONT BILDATLAS · LIEFERBARE AUSGABEN

DEUTSCHLAND
207 Allgäu
216 Altmühltal
220 Bayerischer Wald
180 Berlin
162 Bodensee
217 Brandenburg
175 Chiemgau, Berchtesg. Land
237 Dresden, Sächsische Schweiz
152 Eifel, Aachen
157 Elbe und Weser, Bremen
168 Franken
020 Frankfurt, Rhein-Main
112 Freiburg, Basel, Colmar
231 Hamburg
026 Hannover zw. Harz und Heide
042 Harz
023 Leipzig, Halle, Magdeburg
210 Lüneburger Heide
188 Mecklenburgische Seen
038 Mecklenburg-Vorpommern
033 Mosel
190 München
047 Münsterland
223 Nordseeküste Schleswig-Holstein
006 Oberbayern
161 Odenwald, Heidelberg
035 Osnabrücker Land
002 Ostfriesland
164 Ostseeküste Mecklenburg-Vorpommern
154 Ostseeküste Schleswig-Holstein
201 Pfalz
040 Rhein zw. Köln und Mainz
185 Rhön
186 Rügen, Usedom, Hiddensee
206 Ruhrgebiet
149 Saarland
182 Sachsen
159 Schwarzwald Norden
045 Schwarzwald Süden
018 Spreewald, Lausitz
008 Stuttgart, Schwäbische Alb
239 Sylt, Amrum, Föhr
204 Teutoburger Wald
170 Thüringen
037 Weserbergland

BENELUX
156 Amsterdam
011 Flandern, Brüssel
179 Niederlande

FRANKREICH
177 Bretagne
021 Côte d'Azur
032 Elsass
228 Frankreich Südwesten Okzitanien
240 Französische Atlantikküste
019 Korsika
213 Normandie
235 Paris
198 Provence

GROSSBRITANNIEN/IRLAND
187 Irland
202 London
189 Schottland
227 Südengland

ITALIEN/MALTA/KROATIEN
181 Apulien, Kalabrien
211 Gardasee
222 Golf von Neapel, Kampanien
163 Istrien, Kvarner Bucht
215 Italien, Norden
233 Kroatische Adria
167 Malta
155 Oberitalienische Seen
158 Piemont, Turin
014 Rom
165 Sardinien
003 Sizilien
203 Südtirol
039 Toskana
232 Venedig, Venetien

GRIECHENLAND/ZYPERN/TÜRKEI
034 Istanbul
016 Kreta
176 Türkische Südküste, Antalya
229 Zypern

MITTEL- UND OSTEUROPA
236 Baltikum
208 Danzig, Ostsee, Masuren
169 Krakau, Breslau, Polen Süden
044 Prag
193 St. Petersburg

ÖSTERREICH/SCHWEIZ
192 Kärnten
004 Salzburger Land
196 Schweiz
226 Tirol
197 Wien

SPANIEN/PORTUGAL
043 Algarve
214 Andalusien
150 Barcelona
025 Gran Canaria, Fuerteventura, Lanzarote
172 Kanarische Inseln
199 Lissabon
209 Madeira
174 Mallorca
225 Porto, Portugal Norden
241 Spanien Norden, Jakobsweg
219 Teneriffa, La Palma, La Gomera, El Hierro

SKANDINAVIEN/NORDEUROPA
166 Dänemark
212 Finnland
153 Hurtigruten
029 Island
200 Norwegen Norden
178 Norwegen Süden
151 Schweden Süden, Stockholm

LÄNDERÜBERGREIFENDE BÄNDE
224 Donau – Von der Quelle bis zur Mündung
112 Freiburg, Basel, Colmar
221 Kreuzfahrt auf der Ostsee

AUSSEREUROPÄISCHE ZIELE
183 Australien Osten, Sydney
109 Australien Süden, Westen
218 Bali, Lombok
195 Costa Rica
234 Dubai, Abu Dhabi, VAE
160 Florida
205 Iran
027 Israel, Palästina
242 Japan
230 Kalifornien
031 Kanada Osten
191 Kanada Westen
171 Kuba
238 Marokko
022 Namibia
194 Neuseeland
041 New York
Saudi-Arabien
184 Sri Lanka
048 Südafrika
012 Thailand
046 Vietnam